Carlos
Fred
Thomas
Petra
Ludwig
Friedrich

Monika

Rotraut Susanne Berner • Dagmar von Cramm

DAS GROSSE WIMMEL-KOCHBUCH

Rotraut Susanne Berner
Dagmar von Cramm

DAS GROSSE WIMMEL-KOCHBUCH

Mit Rezepten für alle Jahreszeiten

GERSTENBERG

Mehr über Wimmlingen und seine Bewohner sowie weitere Tipps und Fotos finden Sie unter **www.wimmlingen.de**

3. Auflage 2021

Druck und Bindung: TBB, a. s., Banská Bystrica
Printed in the Slovak Republic

www.gerstenberg-verlag.de

ISBN 978-3-8369-5726-7

Einleitung

Was machen eigentlich die Wimmlinger so übers ganze Jahr?

Wahrscheinlich genau das Gleiche wie du und ich: laufen, lachen, lernen, lesen, radeln, spielen und schlafen.

Und natürlich essen sie – wie wir alle. Denn ohne Essen können wir nicht leben. Wenn man sie fragen würde, was sie gerne essen, würde sicher jeder etwas anderes antworten: Die meisten Kinder essen gerne Pfannkuchen, Niko und Lene mögen Brezeln, Manfred liebt Aufläufe und Daniela Kräuterquark.

In Irmas Garten kann man sehen, was es in den verschiedenen Jahreszeiten so alles in Wimmlingen gibt. Schau mal in deine Wimmelbücher: Wann gibt es Kirschen, wann Äpfel oder Kürbis, und wann Maroni? So ist es mit allen Obst- und Gemüsesorten – achte mal darauf. Bei Eiern, Fleisch und Fisch, Milch und Käse spielen die Jahreszeiten keine große Rolle. Und Mehl, Zucker, Nudeln, Reis oder Gewürze gibt es sowieso das ganze Jahr.

Aber wie macht man aus all den tollen Sachen ein Essen? Was passiert, damit du Pizza, Risotto oder Minestrone auf deinem Teller hast? Richtig: erst muss gekocht oder gebacken werden. Das machen Köche oder deine Eltern für dich. Aber kochen ist keine Hexerei. Das kannst du auch! Und ich kann dir versprechen: Es macht Spaß! Ich selber habe von meiner Mutter kochen gelernt. Einmal musste sie lange ins Krankenhaus – und da habe ich für unsere Familie gekocht. Seither traue ich mich. Das ist das Wichtigste! Lass dich nicht entmutigen, wenn etwas nicht gleich gelingt. Und suche dir einen Kochpaten, der dir hilft, am besten gleich in deiner Familie. Denn die Rezepte sind nicht alle „kinderleicht" – sie sind normal und sollen dir und deinen Gästen schmecken.

Zu den Rezepten gibt es viele Informationen, Ideen und Experimente. Suche dir aus, was dich interessiert. Ganz nebenbei verraten dir die Wimmlinger so manches Küchengeheimnis. Jetzt aber hinein ins Wimmel-Koch-Vergnügen: Gustav, der Koch vom Gasthaus zur Gans in Wimmlingen, hat noch ein paar wichtige Regeln für dich. Und am Ende des Buches gibt es viele hilfreiche Informationen. Dort kann man nachschauen, wie man Zwiebeln schneidet oder Eier trennt, und lernt noch viele andere Dinge, die beim Kochen helfen. Dazu gibt es jede Menge Tipps zu Zutaten und Küchengeräten.

Gutes Gelingen und viel Spaß beim Kochen und Backen wünscht dir

Dagmar von Cramm

INHALT

Frühling

Sommer

Herbst

Winter

Anhang

**Was Köche wissen müssen,
bevor sie in die Küche dürfen …**

*… das verraten wir
Wimmlinger auf den
nächsten Seiten!*

Vor dem Kochen Hände waschen nicht vergessen!

Wenn du niesen oder husten musst, drehe dich vom Essen weg oder geh kurz aus der Küche.

Binde deine langen Haare zusammen, wenn du welche hast – im Essen sind sie nicht so schön.

Schütze deine Lieblingssachen mit einer Schürze oder einem Geschirrtuch.

Bevor du loslegst – lies das Rezept in Ruhe von oben bis unten durch!

Trage beim Kochen geschlossene Schuhe: Das schützt vor Verletzungen – zum Beispiel wenn ein Messer auf den Boden fällt.

Leg dir alle Zutaten und Arbeitsgeräte hin, die du brauchst. Empfindliche, frische Lebensmittel wie Fleisch, Fisch und Eier immer erst, kurz bevor du sie brauchst, aus dem Kühlschrank holen.

Wisch die Arbeitsfläche mit einem sauberen Lappen ab.

Probiere vorher, ob deine Geräte funktionieren, zum Beispiel deine Waage oder die Eieruhr.

Benutze Topflappen, damit du dich an heißen Dingen nicht verbrennst!

Mache lieber nichts anderes nebenher, sonst kann dir ganz schnell etwas anbrennen!

Pass auf, dass nichts verkleckert und verschüttet wird. Rutschgefahr!

Bleibt vom Essen etwas übrig, dann fülle es in eine verschließbare Box und bewahre es im Kühlschrank auf.

Hinterlasse die Küche so, wie du sie vorgefunden hast. Hast du den Herd und die anderen Geräte abgeschaltet? Guck lieber noch mal nach!

Wohin mit dem Abfall? Schau dich vorher um, wo die Mülltonne ist und wie ihr den Abfall trennt.

FRÜHLING

Der Kirschbaum blüht am Straßenrand,
der Kuckuck schickt uns Grüße.
Irma verkauft an ihrem Stand
das erste Frischgemüse.

Die Amsel singt, Lene fährt Rad,
der Spargel wächst und sprießt.
Bald gibt es jungen Blattspinat,
Heuschnupfen hat, wer niest.

Es schießen Giersch und Löwenzahn
und grüner Lauch und Dill.
Schon früh gedeiht der Majoran
im Topf und im April!

Wir rufen laut: Winter ade!,
gehn ohne Schal und Mütze.
Wir pfeifen auf Erkältungstee –
und springen in die Pfütze.

Erfinde doch einfach mal dein eigenes Lieblingsmüsli. Mit Obst oder Beeren der Saison, mit Joghurt und Honig, mit Sesamsamen, gebrannten Mandeln oder Nüssen.

Wie man gebrannte Mandeln selber machen kann, siehst du auf Seite 117.

Linus ist ein Morgenmuffel. Er träumt immer noch ein bisschen am Frühstückstisch. Tanja macht ihm sein Lieblingsmüsli, aber erfunden hat das Maximilian Oskar Bircher-Benner aus der Schweiz.
Es weckt geheime Kräfte und macht putzmunter.

Lieblingsmüsli

Zutaten
für 1 Portion:
3 EL Haferflocken
150 ml Milch
1 kleiner, süßer Apfel
1–2 Datteln
2–4 Walnusskerne

Abends die Flocken mit der Milch mischen und in den Kühlschrank stellen.

Morgens den Apfel waschen, in Viertel schneiden und das Kerngehäuse herausschnitzen. Datteln entkernen. Apfelspalten, Datteln und Nüsse mit dem Wiegemesser grob hacken oder im Blitzhacker raspeln und mit den eingeweichten Flocken verrühren.

Mit einem Flocker kann man Haferflocken und andere Flocken gut selber machen. Wenn du allerdings eine alte Kaffeemühle deiner Großmutter findest, kannst du auch damit Hafer oder Weizen grob mahlen und anschließend einweichen.

Wenn es Frühling wird, packt Daniela ihren Rucksack und wandert los. Unterwegs sammelt sie Kräuter. Sie weiß genau, welche man essen kann, und achtet darauf, dass sie abseits von Straßen und Hundewiesen wachsen.

Frühlingssammelsalat

Zutaten
für 4 Portionen:
250 g Pflücksalat
1 Bund Rucola,
Portulak (Postelein) und
nach Lust und Laune:
1 Handvoll Blüten
von Gänseblümchen,
Schafgarbe,
Kräuter,
Kapuzinerkresse,
Klee
1 Handvoll Giersch
oder Löwenzahn
10 Radieschen
2 Frühlingszwiebeln
1–2 junge Karotten

In einer großen Schüssel mit Wasser das ganze Grünzeug gründlich waschen. In einem Sieb abtropfen lassen. So oft wiederholen, bis das Waschwasser nicht mehr schmutzig ist.

Zarte Radieschenblätter können mit in den Salat. Wurzeln und Stiele der Radieschen abschneiden und die Knollen grob hacken – am besten mit dem Wiegemesser.

Von den Frühlingszwiebeln die Wurzeln und welke

Blätter entfernen, dann mitsamt dem Grün in feine Ringe schneiden.

Von den Karotten Wurzeln und Grün abschneiden. Nur schälen, wenn die Schale hart ist und Macken hat. Die Karotten auf einer Reibe in Streifen oder Raspeln hobeln. Vorsicht mit den Fingern. Klappt auch mit dem Blitzhacker.

Von Blättern und Blüten harte Stiele abzupfen.

Salatsauce geschüttelt und nicht gerührt? Wie das geht, siehst du auf Seite 131.

Für die Salatsauce die Zitrone auspressen. Den Saft mit dem Senf, Salz und Pfeffer verrühren. Dann das Öl zugeben und so lange rühren, bis die Sauce cremig und glatt ist. Die Sahne untermischen und abschmecken.

Alle Zutaten gut abgetropft vermengen, die Salatsauce dazugeben und nochmals vorsichtig mischen.

Zutaten
für die Salatsauce:
½ Zitrone
1 EL mittelscharfer Senf
Salz, Pfeffer
3 EL Olivenöl
2–3 EL süße Sahne

Was macht der Senf in der Sauce?

Vermischt man den Zitronensaft direkt mit dem Öl, kann man rühren, so viel man will: immer wieder setzt sich das Fett vom Saft ab. Wenn du aber Senf zugibst und kräftig rührst, dann verbinden sich beide Teile zu einer Emulsion. Der Senf hat nämlich einen Teil, der Wasser liebt – und einen anderen, der Fett liebt. Deshalb kann er den wässrigen mit dem öligen Teil der Sauce verbinden.

Wie man Blattsalate und Kräuter trocken schleudern kann, siehst du auf Seite 133.

Daniela hat von ihrem Ausflug noch viele Kräuter übrig. Gut, dass die auch in den Quark passen. Bei Irma auf dem Bauernhof bekommt sie außerdem noch die „zahmen" Kräuter und das junge Gemüse. Karlchen, Irmas kleiner Enkel, mag am allerliebsten die ganz kleinen Karotten.

Wildkräuterquark mit Frühlingsgemüse

Zutaten
für 4 Portionen:
2 Handvoll selbst gesammelte Kräuter
250 g Magerquark
3–4 EL süße Sahne
Salz, Pfeffer
Frühlingsgemüse zum Dippen (Karotten, Kohlrabi, Radieschen, Zucchini, Salatgurke, Spargel, Staudensellerie, Fenchel)

Jetzt gibt es die ersten Kräuter. Es wachsen wild: zum Beispiel Bärlauch, Löwenzahn oder Sauerampfer. Und zahm: Basilikum, Dill, Schnittlauch oder Thymian.

Die Kräuter gründlich waschen und abtropfen lassen. Harte Stiele entfernen. Von den Brennnesseln nur die zarten Spitzen nehmen und mit einer Teigrolle über ein Brettchen rollen – dann brennen sie nicht. Alle Kräuter fein hacken. Am besten mit dem Wiegemesser.

lauter zahme Kräuter

Basilikum *Dill* *Kapuzinerkresse* *Kerbel* *Koriand*

Den Quark mit der Sahne cremig rühren. Mit Salz, Pfeffer und den Kräutern vermischen und abschmecken. Ist er zu fest, noch etwas Wasser unterrühren.

Das junge Gemüse waschen und abtropfen lassen. Von Karotten, Kohlrabi und Radieschen die Blätter entfernen. Von Zucchini und Gurke die Enden abschneiden.

Spargel schälen. Staudensellerie vom Strunk schneiden und Fäden abziehen, in mundgerechte Stücke teilen. Gurke in fingerdicke Scheiben schneiden, Radieschen und kleine Karotten ganz lassen. Zucchini, Kohlrabi und Fenchel erst in Scheiben, dann in Stifte teilen.

Mit dem Gemüse den Quark dippen.

Übrigens:
Die grünen Blätter von Radieschen und Kohlrabi sind essbar und schmecken toll. Du kannst sie wie Spinat in den Salat geben oder als Gemüse dünsten.

Kannst du Gemüsesorten auch mit verbundenen Augen schmecken und sogar die Farbe erraten? Und wie klappt es mit Kräutern? Halt dir doch beim Probieren mal die Nase zu oder schnuppere dabei an einem Stück Seife.

Kresse *Minze* *Petersilie* *Rosmarin* *Salbei* *Schnittlauch* *Thymian*

Irma zieht ihre Gartenpflanzen im Treibhaus vor und pflanzt sie erst in den Garten, wenn es keinen Frost mehr gibt. Manchmal deckt sie sie dann noch mit Folie ab. Das erste Gemüse ist sehr zart und hat eine dünne Schale, die man gut mitessen kann.

Quer-durch-den-Garten-Durcheinander

Zutaten
für 4 Portionen:
1 Kohlrabi mit Blättern
3–4 Karotten
600 g neue Kartoffeln
200 g Zuckererbsen
2 EL Butter
Salz, Pfeffer
1 Handvoll frische Frühlingskräuter (z. B. Bärlauch, Giersch, Löwenzahn, Brennnesselspitzen, Petersilie)
50 ml Milch
50 ml süße Sahne

Das Gemüse gründlich waschen. Die Blätter vom Kohlrabi abknicken, Stiele in feine Streifen schneiden. Den Kohlrabi da schälen, wo er hart oder verletzt ist. Die Knolle in fingerdicke Scheiben und dann in Würfel schneiden. Die Karotten vom Grün befreien, auch nur schälen, wenn sie Macken haben. Dann die Karotten in halb fingerdicke Scheiben schneiden.

Bärlauch *Brennnessel* *Gänseblümchen* *Giersch* *Klee*

Die Kartoffeln waschen, schälen und in grobe Würfel wie den Kohlrabi schneiden.

Von den Zuckererbsen die Enden abzupfen.

Die Butter in einer tiefen Pfanne mit Deckel schmelzen lassen und die Karotten und den Kohlrabi samt Stielstückchen hineingeben. Salzen und pfeffern und den Deckel auflegen. Etwa 5 Minuten dünsten.

Dann kommen die Kartoffeln dazu. Wieder ein bisschen salzen und 100 ml Wasser zugeben. Deckel drauf und etwa 10 Minuten dünsten.

In der Zwischenzeit die Frühlingskräuter waschen und trocken schütteln. Die Blättchen von den Stielen zupfen und fein hacken. Auch die Kohlrabiblätter.

Wenn die Kohlrabiwürfel gar sind, die Zuckererbsen und Blätter und Kräuter zufügen, Milch mit Sahne mischen und zugeben und zugedeckt alles bei kleiner Hitze 5 Minuten ziehen lassen. Abschmecken und fertig! Dazu passt Brot, zum Beispiel Baguette.

Unkraut?

Wusstest du, dass man Unkraut auch essen kann? Nicht jede Sorte – aber im Frühling sind besonders Löwenzahn, Giersch und Brennnesselspitzen sehr lecker! Aber bitte nicht von der Hundewiese pflücken! Wenn du keine wilden Kräuter findest, kannst du auch Petersilie, Kerbel oder Kresse nehmen. Vorsicht bei Bärlauch. Er sieht den giftigen Maiglöckchenblättern zum Verwechseln ähnlich. Frischer Bärlauch duftet, wenn man daran reibt, nach Knoblauch. Und Maiglöckchenblätter – nach nichts! Die Blüten duften dafür umso stärker – nach Maiglöckchen!

Löwenzahn *Portulak (Postelein)* *Sauerampfer* *Schafgarbe* *Vogelmiere*

lauter wilde Kräuter

Im Frühling gibt es bei Irma manchmal so viele Radieschen im Garten, dass sie ganz Wimmlingen damit versorgen könnte. Darum gibt es heute zuerst eine Suppe aus den frischen und jungen Blättern und danach einen Radieschen-Dipp mit Pellkartoffeln.

Radieschen-Zweierlei

Zutaten
für 4 Portionen:
2 Bund Radieschen
2–3 Frühlingszwiebeln
2 EL Butter
Salz, Pfeffer
200 g Schmand

Die Radieschen zusammen mit dem Grün gründlich waschen. Das Grün abschneiden und grob hacken. Die Knollen bleiben für den Dipp liegen. Für die Suppe die Frühlingszwiebeln waschen, die Wurzeln und welken Blattenden entfernen und die Zwiebeln samt Grün in dünne Ringe schneiden.

Butter im Topf langsam erhitzen und die Zwiebeln kurz andünsten. Dann die Radieschenblätter zugeben und kurz weiterdünsten. 250 ml Wasser, Salz und Pfeffer zugeben, den Deckel auflegen und bei kleiner Hitze die Blätter etwa 10 Minuten dünsten, bis sie weich sind.

Anschließend alles mit dem Pürierstab (das macht ein Erwachsener!) fein pürieren. Mit Wasser zur Suppe verdünnen und mit Salz, Pfeffer und 2 EL Schmand abschmecken. Fertig ist die Suppe.

Die Wurzeln abschneiden und die Radieschen im Blitzhacker nach und nach pürieren. Das Püree in einem Sieb abtropfen lassen (Saft trinken – ist supergesund!) und mit dem übrigen Schmand verrühren, salzen und pfeffern. Der Radieschen-Dipp schmeckt toll zu Pellkartoffeln!

Wie man Pellkartoffeln kocht, siehst du auf Seite 135.

Radieschen säen

Im Garten oder in einem größeren Balkonkasten kann man Radieschen ganz einfach selber ziehen. Die Erde fein hacken und eine Rille ziehen. Im Abstand von einer Handbreite ein Samenkorn in die Rille legen. Mit einem Wassersprüher ein bisschen anfeuchten. Mit Erde bedecken und gut angießen, bis die Erde feucht ist. Jeden Tag gießen, bis du die ersten Blättchen siehst. Wenn die Radieschen zu eng stehen, musst du ein paar herausziehen, damit die anderen wirklich wachsen können. Du siehst, wenn die Radieschen erntereif sind. Je länger sie stehen, desto schärfer werden sie. Dann werden sie manchmal auch innen pappig. Warte deshalb nicht zu lange. Am besten, du säst nicht alle Samen gleichzeitig, sonst sind alle Radieschen auf einmal reif und du musst jeden Tag Radieschensuppe essen!

Radieschenmäuse

Ich dekoriere den Ostertisch mit Mäusen aus Radieschen. Sie sind schnell gemacht und bei allen beliebt. Bei Monika und Mingus komischerweise nicht so sehr.

Alle helfen im Kindergarten mit, wenn das Kressebeet für Ostern vorbereitet wird. Die Kresse wächst auf einem Tablett mit Küchentüchern aus Papier so schnell, dass man fast zuschauen kann. Die Kinder passen auf, dass die Kresse immer schön feucht ist. Schon nach einer Woche können sie ernten – mit der Schere!

Picknick-Baguette-Taler

Zutaten
für 4 Portionen:
1 kleines Baguette (250 g)
4 Salatblätter
1 Bund Schnittlauch
1 Tasse Kresse
200 g Kräuterfrischkäse
Pfeffer

Die Baguettestange bereits am Vorabend quer halbieren und die Enden abschneiden. Jetzt das weiche Innere mit einer Gabel herausholen und zerzupfen.

Salat, Schnittlauch und Kresse waschen, gut abtropfen lassen und trocken tupfen. Salatblätter in feine Streifen, Schnittlauch in Röllchen schneiden, Kresse hacken.

Das Innere des Baguettes mit dem Frischkäse verkneten.

Dann Salat, Schnittlauch und Kresse untermischen und pfeffern. Die ausgehöhlten Baguettestangen damit füllen und in Alufolie einwickeln. Über Nacht in den Kühlschrank legen.

Am nächsten Morgen das Baguette in 2 cm dicke Scheiben schneiden und in eine Brotbox geben. Fertig ist der Picknick-Snack!

Pflanze deinen eigenen Kräutertopf!

Suche dir drei deiner Lieblingskräuter für einen Topf oder Blumenkasten aus. Petersilie, Schnittlauch und Basilikum passen gut zusammen. Oder du wählst Rosmarin, Thymian und Salbei. Die kommen alle aus dem Süden und brauchen nicht so viel Wasser. Jetzt brauchst du Kieselsteine, um den Boden des Topfes ca. 5 cm hoch damit zu bedecken. Fülle den Topf dann bis zur Hälfte mit Erde. Nimm die Kräuter aus ihren Töpfen und setzte sie in den großen Topf ein. Fülle die Lücken mit Erde auf. Und nun alles gut gießen, damit sich die Wurzeln entfalten. Beim Ernten immer nur ein bisschen abzwicken, damit die Pflanze weiterlebt. Nur den Schnittlauch kannst du „mähen“: er wächst nach.

Kresse selber ziehen

Kressesamen brauchen nur Wasser, Licht und Luft! Man kann die Samen auf einen Kresseigel aus Ton

streuen, oder wie im Kindergarten bei Silvia, auf eine dicke Lage Küchenpapier. Das funktioniert auch in einer leeren Eierschale: Mit einem gemalten Gesicht und den grünen Kressehaaren ist das ein lustiger Schmuck für den Ostertisch.

In Elkes Küche wird nichts weggeworfen, und wenn Brot übrig ist, macht sie Semmelbrösel daraus. Heute kommt Manfred zum Essen. Deshalb gibt es gleich zwei Aufläufe: einen mit Spargel, und zum Nachtisch macht Manfred seinen Lieblingsauflauf: Rhabarbercrumble.

Spargel mit Butterbröseln

Zutaten für 4 Portionen:
1,5 kg Spargel
100 g Semmelbrösel
1 ½ TL Salz
1 TL mildes Paprikapulver
1 TL Rohrzucker
100 g Butter

Den Backofen auf 200 °C (Umluft 180 °C) vorheizen. Die Spargelstangen waschen und mit einem Spargelschäler oder einem Sparschäler schälen. Die holzigen Enden mit einem Messer abschneiden.

Den Spargel auf ein tiefes Backblech legen, sodass die Spitzen immer zur Mitte liegen und sich überlappen. Die Brösel mit Salz, Paprikapulver und Zucker mischen und gleichmäßig über den Spargel streuen. Von der kalten Butter kleine Flocken mit dem Messer abstechen und auf dem Spargel verteilen.

Das Blech auf die mittlere Schiene des heißen Backofens schieben und den Spargel 20–30 Minuten garen.

Rhabarbercrumble

Zutaten für 4 Portionen:
500 g Rhabarber (ohne Blatt gewogen)
120 g Zucker
60 g Semmelbrösel
60 g kernige Haferflocken
60 g Butter

Den Backofen auf 180 °C (Umluft 160 °C) vorheizen.

Rhabarberblätter entfernen und die Stiele waschen. In ½ cm breite Scheiben schneiden und mit der Hälfte des Zuckers mischen. Eine runde Form (25 cm ø) mit

dem gesüßten Rhabarber füllen. Den übrigen Zucker mit den Semmelbröseln und Haferflocken mischen. Die Butter in kleine Flöckchen schneiden und dazugeben. Mit den Händen kneten, bis ein krümeliger Teig entsteht. Den Teig zwischen den Fingern zu Streuseln formen und über den Rhabarber streuen. Im heißen Backofen (Mitte) 30–35 Minuten backen, bis die Streusel knusprig braun sind. Der Crumble schmeckt auch super mit Äpfeln. Dann brauchst du weniger Zucker. Dazu passt Joghurt.

Mein Auflauf schmeckt auch mit Zucchinischeiben oder anderem Gemüse. Mit Semmelbröseln kann man aber noch viel mehr machen: Ein Schnitzel panieren oder auf Nudel- oder Kartoffelaufläufe streuen. Auf keinen Fall die Butterflöckchen vergessen, sonst verbrennen die Brösel. Du kannst die Brösel auch mit Butter oder Öl in der Pfanne rösten, mit Nudelresten aufbraten und bei süßen Aufläufen mit Zimtzucker bestreuen.

Semmelbrösel sind eine gute Resteverwertung für Brot. Wenn es alt wird, trocknet man es in Scheiben an der Luft an einem warmen Ort – sonst schimmelt es.

Wenn es richtig trocken ist, kann man es zu Semmelbröseln mahlen. Entweder mit einem Blitzhacker oder mit Topf oder Nudelholz. In einem fest verschlossenen Schraubglas hast du dann immer einen Vorrat an Bröseln.

Wie man Semmelbrösel auch ohne Blitzhacker machen kann, siehst du auf Seite 136.

Richtige Profi-Köche können Pfannkuchen in der Luft wenden – das kann aber manchmal auch schiefgehen. Pfannkuchen gibt es fast auf der ganzen Welt. In Frankreich sind sie hauchdünn und heißen Crêpes. In anderen Gegenden heißen sie Flädle oder Palatschinken. Bei Tom zu Hause heißen sie Pancakes und er mag sie in jeder Form – salzig als Hauptgericht oder süß zum Nachtisch.

Pfannkuchen für alle

Zutaten
für 4 Portionen:
180 g Mehl Type 1050
250 ml Milch
3 Eier
Salz
Butter oder Öl
zum Backen

Das Mehl in eine große Schüssel sieben und nach und nach die Milch dazugießen. Beides gründlich verrühren. Die Eier in eine Schüssel aufschlagen und mit einem Schneebesen verquirlen. Dann nach und nach die Milch-Mehl-Mischung zugeben. Wird der Teig zu dick, etwas Milch zufügen und immer wieder rühren. Mit einer Prise Salz würzen. Den Teig mindestens 1 Stunde ruhen lassen.

1 TL Butter oder Öl in einer beschichteten Pfanne mit Deckel (24 cm ø) erhitzen. Mit einer Kelle ein Viertel des Teigs aus der Schüssel schöpfen und in die Pfanne geben. Die Pfanne schwenken, bis sich der Teig gleichmäßig verteilt hat. Nun den Deckel auflegen und den Pfannkuchen bei mittlerer Hitze auf jeder Seite etwa 2 Minuten goldbraun backen. Vor dem Wenden ein bisschen rütteln und noch etwas Fett zugeben.

Süße Pfannkuchen

Die schmecken am besten mit Konfitüre oder ein wenig Zucker. Und mit Beeren! Das Obst kann man auch gleich mitbacken. Einen Apfel in schmale Spalten schneiden und als Erstes in die Pfanne legen. Dann den Teig darüberschöpfen. Bei weichem Obst wie Blaubeeren oder Pfirsich ist es besser, die Stückchen vorher in den Teig zu rühren.

Salzige Pfannkuchen

Die Tomatenscheiben in die Pfanne legen und den Teig darüberschöpfen. Nach dem Wenden Reibekäse über den Pfannkuchen streuen und schmelzen lassen. In den Teig kann man auch Kräuter oder Schinkenstückchen mischen.

Oje, ein Loch im Pfannkuchen! Macht nichts. Ich zerteile ihn einfach in kleine Stücke, brate alles noch mal schön an und esse ihn als Schmarrn. Zum Beispiel mit Rosinen, Zimt und Zucker.

Lene mag ihre Pfannkuchen am liebsten mit Erdbeeren.

Linus isst gerne salzige Pfannkuchen mit Tomaten.

Petra mischt feine Kräuter in den Pfannkuchenteig.

Timmy streut selber Zimt und Zucker auf seinen Pfannkuchen.

Jonas liebt Käse-Pfannkuchen. Dazu passt am besten Salat.

Da sind Carlos und Fred einer Meinung: nach der anstrengenden Arbeit ist so ein Cappuccino aus Kakao genau das Richtige. Den besten gibt es im Park-Café. Er ist ganz frisch und nur mit Kakaopulver gemacht. Carlos mag ihn ganz ohne, Fred mit etwas braunem Rohrzucker.

Schoko-Cappuccino

Zutaten
für 2 Tassen:

1 Stückchen Vanilleschote
1 Stückchen Zimtstange (Ceylon-Zimt)
100 ml Wasser
1 TL Rohrzucker
1 TL Kakaopulver, entölt
300 ml Milch
Kakaopulver zum Bestäuben

Die Vanilleschote aufschlitzen und das Mark herauskratzen. Beides mit dem Zimtstückchen und dem Wasser in einem Topf langsam aufkochen. Den Zucker und das Kakaopulver zugeben und alles 15 Minuten ziehen lassen.

Die Milch in einem kleinen Topf erwärmen. Sie soll nicht richtig kochen. Wenn sie heiß ist, mit einem Schneebesen schaumig schlagen.

Den heißen Kakao durch ein Sieb auf 2 große Tassen verteilen. Die Schaummilch darüberschöpfen. Mit etwas Kakaopulver bestäuben. Vor dem Trinken umrühren.

Wie man Vanillezucker und anderen Zucker mit Geschmack selber macht, siehst du auf Seite 137.

Schablonen zur Dekoration

Valerie, die Bedienung im Park-Café, hat heute nicht viel zu tun. Sie bastelt aus Papier-Untersetzern schöne Schablonen für den Cappuccino. Für Fred hat sie eine Sonne und für Carlos ein Herz ausgeschnitten. Dazu braucht sie nur Papier, das gefaltet und geschnitten wird. Wenn man das Kakaopulver darüberstreut, fällt es durch das freigeschnittene Muster. Das Papier vorsichtig abnehmen und servieren!

Manchmal streue ich statt Kakao auch ein bisschen Zimt über meinen Schoko-Cappuccino.

Dr. S. Eirak, der Zahnarzt in Wimmlingen, mag Rhabarber nur, wenn es dazu etwas Milch oder Quark gibt. Das schützt die Zähne. Aus demselben Grund schwört er auf Rhabarber mit frischem Steviakraut statt Zucker. Es ist viel süßer als normaler Zucker und schadet den Zähnen nicht.

Stevia ist ein Süßkraut aus Südamerika. Du kannst es im Blumentopf ziehen. Die getrockneten Blätter gibt es bei Badezusätzen im Bioladen.

Rhabarberkompott mit Quarkcreme

Den Rhabarber gründlich waschen. Mit einem Messer die Enden abschneiden und eventuell ein paar Fäden mit abziehen. Die Stangen in zwei Finger breite Stücke schneiden.

Steviakraut in ein Teeei oder einen -beutel geben. Die Rhabarberstücke mit dem Saft und Stevia in einen Topf geben, einmal aufkochen und dann für etwa 5 Minuten bei kleiner Hitze garen. Danach abkühlen lassen und kalt stellen, Stevia entfernen.

Für die Quarkcreme die Zitrone waschen. Nun mit

den Zuckerstückchen an der Zitrone reiben, bis sie sich gelb färben. Dann ist nämlich das Aroma der Zitronenschale aufs Zuckerstückchen übergegangen. Die Zitrone für ein anderes Rezept aufheben, wo Saft gebraucht wird, z. B. für Salatsauce.

Die Zuckerstückchen zerbröckeln und dann mit dem Quark verrühren. Die Sahne steif schlagen. Wenn sich der Zucker gelöst hat, die Sahne unter den Quark ziehen und zum Kompott reichen.

Noch mehr Kompott

Wenn du Lust auf mehr Kompott hast, oder ihr im Garten eine große Rhabarberpflanze habt, kannst du auch ganz viel Kompott auf einmal kochen und einzelne Portionen einfrieren. Du kannst Kompott auch aus Äpfeln, Birnen, Pflaumen, Kirschen oder Aprikosen kochen. Dazu das Obst waschen, von Kerngehäuse und Steinen befreien und in mundgerechte Stücke teilen. Für 4 Tassen Obst 1 Tasse Wasser und 3–4 EL Zucker in einem Topf erhitzen und das Obst darin zugedeckt etwa 10 Minuten dünsten, bis es weich ist. Wenn es länger kocht, zerfällt es zu Mus – das schmeckt auch gut. Vor allem, wenn man es fein püriert.

Dazu schmecken auch die Pfannkuchen von Seite 30 oder die Waffeln von Seite 118.

Zutaten
für 4 Portionen:
4 dünne Stangen Rhabarber
1–2 Blätter Steviakraut
(frisch oder getrocknet)
200 ml roter Traubensaft

Für die Quarkcreme:
1 unbehandelte Zitrone
4–5 Stückchen Würfelzucker
250 g Magerquark
100 ml süße Sahne

Probier's mal aus:
Von einem Stückchen rohen Rhabarber werden die Zähne ganz stumpf und wie durch Zauberei nach einem Schluck Milch wieder glatt. Warum? Die Oxalsäure aus dem Rhabarber raubt dem Zahn Calcium, die Milch füllt es wieder auf.

Fürs große Oster-frühstück hat Tanja sich eine Überraschung ausgedacht. Statt Frühstücksbrötchen gibt es für jeden einen Oster-hasen aus Hefteteig. Und für Oskar ein kleines Gänseküken. Alle backen zusammen, das ganze Haus ist nämlich eingeladen!

Hefe-Osterhasen

Zutaten
für 4–5 Hasen:
400 g Mehl Type 1050
+ Mehl zum Arbeiten
1 Päckchen Trockenhefe
200 ml Milch
50 g Butter
50 g Zucker
1 Prise Salz
1 Karotte
evtl. 1 Msp. Safranpulver
1 Ei
Mandelsplitter für die Schnurrhaare
Haselnüsse für die Nase,
Rosinen für die Augen

für den Kükenschnabel
2 ganze Mandelkerne

Mehl mit Hefe in eine Schüssel geben und mischen.

Die Milch erwärmen und vom Herd nehmen, die Butter darin schmelzen, Zucker und Salz zufügen.

Die Karotte waschen und fein reiben. Safran in 1 EL heißem Wasser auflösen, beides unter die Milch-Butter-Mischung rühren.

Diese Mischung zum Mehl gießen und alles zunächst mit einem Löffel vermischen. Dann mit den Händen so lange miteinander verkneten, bis sich der Teig vom Schüsselrand löst und nicht mehr so klebt. Wenn nötig, noch etwas Mehl unterkneten. Jetzt den Teig mit etwas Mehl bestäuben und an einem warmen Ort etwa 30 Minuten gehen lassen.

Zwei Backbleche mit Backpapier auslegen. Nun den Teig auf 4–5 Portionen aufteilen. Aus je einer Portion formt man Teigkugeln (wie in der Zeichnung rechts gezeigt) und setzt sie zu einem Häschen zusammen.

Das Ei mit 2 EL Wasser verquirlen und die Hasen

damit einpinseln. Dann die Haselnuss als Schnäuzchen, die Mandelsplitter als Schnurrhaare und die Rosinen für die Augen vorsichtig andrücken. Das Gänseküken ebenfalls aus Teigkugeln formen. Es bekommt einen Schnabel aus zwei ganzen Mandelkernen.

Die beiden Bleche nacheinander bei 200 °C (Umluft 180 °C) auf der mittleren Schiene des Backofens je etwa 15–20 Minuten backen.

Mit Hagelzucker oder Mandelblättchen bekommen die Hasen ein richtiges Fell. Und wenn man die Karotte im Teig durch einen Apfel ersetzt, schmeckt der Hase noch süßer.

Herzhafte Osterhasen

Wenn man den Zucker weglässt und 1 TL Salz zugibt, hat man ein salziges Frühstückshäschen. Besonders gut schmeckt es, wenn man dafür noch Frühlingskräuter in den Teig knetet.

Safran ist fast so teuer wie Gold. Die drei winzigen Stempel einer Krokuspflanze können nämlich nur von Hand geerntet werden. Man nimmt sehr wenig davon und löst ihn in ein bisschen Wasser auf. Dann färbt er das Essen ganz gelb, genau so, wie es in dem Lied „Backe, backe, Kuchen" heißt: „Safran macht den Kuchen gel."

Hefen sind mikroskopisch kleine Lebewesen und sie gehören zur großen Pilzfamilie. Sie essen Kohlenhydrate, also Mehl und Zucker. Dabei wachsen sie und geben Luft ab. Und dieser Vorgang lässt den Teig „gehen" – er ist dann wie aufgeplustert. Fett, Salz und Kälte mögen die Hefetierchen gar nicht. Deshalb ist es wichtig, den Teig immer warm zu halten und vor Zugluft zu schützen.

Timmy hat heute Geburtstag. Da sind die kleinen Törtchen von Ellen genau richtig. Und weil sie gerade dabei ist, backt sie die Böden gleich auf Vorrat und bewahrt sie in einer Keksdose auf. Für den nächsten Besuch. Auf die Törtchen passt alles, was es gerade gibt: Erdbeeren, Pudding, Himbeeren oder eine kleine Melonen- oder Eiskugel.

Erdbeer-Törtchen

Zutaten
für 10 Törtchen:

Für die Teigtörtchen:
100 g Magerquark
1 Päckchen Vanillezucker
3 EL Rapsöl
125 g Mehl Type 1050
½ TL Backpulver
1–2 EL süße Sahne
oder Milch

Den Backofen auf 200 °C (Umluft 180 °C) vorheizen. Den Magerquark mit Vanillezucker und Öl in einer Schüssel verrühren. Mehl und Backpulver zugeben und das Ganze zu einem Teig kneten.

Den Tisch mit etwas Mehl bestäuben. Den Teig mit einem Nudelholz etwa 2 mm dünn ausrollen. Mit einer Ausstechform oder einem Trinkglas 10 Kreise (8 cm ø) ausstechen. Auf ein mit Backpapier belegtes Blech legen.

Die Teigreste zu dünnen Würsten rollen und als Ränder auf die Kreise setzen. Alles mit süßer Sahne oder Milch einpinseln. Die Törtchen mit einer Gabel einstechen, damit sie beim Backen keine Beulen bekommen.

Auf die mittlere Schiene des heißen Ofens schieben und in 15–20 Minuten braun backen. Danach aus dem Ofen holen und auf dem Blech abkühlen lassen.

Die frischen Erdbeeren waschen und putzen.

10 besonders schöne, nicht zu große Beeren beiseitelegen. Zucker, Quark und Mandeln miteinander verrühren. Die übrigen Erdbeeren mit einem Pürierstab fein pürieren. Löffelweise zum Quark geben – er sollte nicht zu flüssig werden. Das übrige Erdbeermus naschen!

Die Erdbeercreme auf die gebackenen Teigtörtchen streichen. Je eine Beere in die Mitte setzen. Wenn sie zu groß ist, einfach klein schneiden. Am besten eine halbe Stunde kalt stellen.

Für den Belag:
ca. 200 g frische Erdbeeren
1 TL Zucker
70 g Magerquark
3 EL gemahlene Mandeln

SOMMER

Jetzt sind die Kirschen rot und rund,
im Garten blühn die Rosen,
die Kleider sind ganz leicht und bunt,
Linus trägt kurze Hosen.

Schon früh besteigen wir das Rad
mit Sonnenhut und -brillen,
und mittags nehmen wir ein Bad
und treffen uns zum Grillen.

Am Nachmittag kühlt Himbeereis
den Körper und die Seele,
das beste Eis, wenn's richtig heiß,
ist das von Gabriele.

Die Nachtigall singt im Duett
mit Lenes Papagei.
Und niemand möchte heut ins Bett –
das ist uns einerlei!

MEHL
ZUCKER
MILCH

*Eigentlich muss man Marmelade
immer mit viel Zucker kochen. Dann hält sie länger.
Der Instant-Gelierzucker macht die Marmelade auch ohne
Kochen dick. Allerdings hält sie nicht so lange und du musst sie
im Kühlschrank aufbewahren. Dafür schmeckt sie
wunderbar frisch und ist ganz schnell fertig.*

Irma steht immer mit den Hühnern auf und kocht manchmal schon vor dem Frühstück Marmelade. Diese Marmelade geht ganz einfach und schnell und schmeckt außerdem frisch am allerbesten. Das finden auch ihre Gäste, die Ferien auf dem Bauernhof in Wimmlingen machen.

Himjo-Marmelade

Zutaten für 1 Glas:
125 g rote Johannisbeeren
125 g Himbeeren
100 g Instant-Gelierzucker
1 Schraubglas (300 ml)
mit Deckel

Johannisbeeren und Himbeeren waschen und die faulen aussortieren. Die Johannisbeeren von den Rispen streifen. Am besten den Stiel festhalten und die Beeren mit einer Gabel von oben nach unten in eine Schüssel abstreifen.

Die Beeren mit dem Zucker bestreuen und alles mit einem Pürierstab (von einem Erwachsenen!) ca. 45 Sekunden pürieren lassen. Noch einfacher klappt das im Mixer.

Jetzt die fruchtige Masse in ein sauberes Schraubglas füllen und ab damit in den Kühlschrank. Der Fruchtaufstrich hält sich im Kühlschrank ca. 10 Tage.

Wenn man die Früchte einfriert, kann man auch im Winter frische Marmelade mixen.

Alle lieben Lassi, seit Santosh seine Freunde zum indischen Essen eingeladen hat. Lassi ist eine Art Milchshake. Santosh selber trinkt es mit Mango, Susanne mit Erdbeeren und Daniela mit Pfirsich. Manfred und Peter mögen ihr Lassi am liebsten herzhaft – vor allem mit Gurke. Erfrischend bei tropischer Hitze ist auch Raita, ein Salat aus rohem Gemüse mit viel Joghurt.

Süßes Lassi

Zutaten für 4 Gläser:
200 g weiches Obst (z. B. Beeren, Melone, Pfirsich oder Mango)
150 ml Naturjoghurt
evtl. 1 EL Zucker
Mineralwasser mit Kohlensäure

Das Obst von Kernen und Stielen befreien – nur schälen, wenn die Schale hart ist wie bei Melone oder Mango. Pfirsich rundherum einschneiden und die Hälften gegeneinander drehen, um den Kern zu entfernen. Dann in grobe Stücke schneiden und im Mixbecher mit dem Pürierstab von einem Erwachsenen pürieren lassen.

Jetzt den Joghurt und nach Bedarf etwas Zucker zugeben und noch mal kurz mixen.

Auf 4 Gläser verteilen und mit Mineralwasser aufgießen.

Wie du Joghurt selber machst, findest du auf Seite 67.

Gurken-Tomaten-Raita

Das Gemüse und die Minze waschen. Die Gurke schälen, der Länge nach halbieren und in Scheiben schneiden. Von den Tomaten den grünen Stielansatz herausschneiden und die Tomaten dann in Spalten schneiden. Von der Frühlingszwiebel die Wurzel abschneiden und welke Blätter abknipsen. Weißes und Grünes in feine Ringe schneiden. Die Minzblättchen auch in Streifen schneiden.

Joghurt mit Kreuzkümmel, Salz und Pfeffer verrühren. Das klein geschnittene Gemüse unterrühren und nochmals abschmecken.

Zutaten für 4 Portionen:
½ Salatgurke
200 g Tomaten
1 Frühlingszwiebel
10 Minzblättchen
200 g Joghurt
½ TL gemahlener Kreuzkümmel
Salz, Pfeffer

Für das Lassi kannst du statt Joghurt auch Buttermilch nehmen – dann brauchst du davon aber 400 ml und kein Wasser. Auch Raita kannst du mit Buttermilch statt Joghurt machen.

Das ist Peters Lieblingsgericht. Schon an den Farben sieht man, dass es aus Italien kommt: grün, weiß und rot. Es schmeckt nach Ferien und geht außerdem schnell und einfach. Auch Ina, Petra und Jonas lieben es, nur Struppi hätte viel lieber einen Knochen.

Tomaten mit Mozzarella und Basilikum

Zutaten für 4 Portionen:
6 Tomaten
2 Kugeln Mozzarella à 125 g
1 Bund Basilikum
2 EL Olivenöl
2 EL Balsamico-Essig
Pfeffer, Salz

Tomaten waschen, halbieren und den grünen Blütenansatz herausschneiden. Die Tomaten auf die Schnittfläche legen und mit einem geriffelten Messer in fingerdicke Scheiben schneiden.

Die Mozzarellakugeln abtropfen lassen und ebenfalls halbieren und die Hälften in etwas dünnere Scheiben schneiden. Das Basilikum waschen und die Blättchen abzupfen.

Tomaten, Mozzarella und Basilikum wie Dachziegel abwechselnd in eine ovale Auflaufform schichten.

Olivenöl und Balsamico-Essig über den Salat träufeln. Dann alles mit Pfeffer und Salz bestreuen. Am besten die Pfeffermühle nehmen. Fertig!

Ich habe in meinem Garten viele verschiedene Tomatensorten. Die kleinen schmecken besonders süß. Man kann sie auch im Topf auf dem Balkon ziehen.

Solche kleinen Seitentriebe werden abgezwickt – das nennt man in der Fachsprache „ausgeizen".

Tomaten aus eigener Ernte

Tomaten musst du spätestens im April aussäen und auf der Fensterbank vorziehen. Am besten wachsen die Pflanzen in einer Saatschale, in der unteren Hälfte von einem Eierkarton oder einem kleinen selbst gebauten Gewächshaus.
Die Samen in einem Abstand von 2–3 cm etwa 1 cm tief in die Erde stecken und regelmäßig gießen. Achte darauf, dass die Erde immer feucht ist und die Pflänzchen hell und warm stehen. Im Mai kannst du sie in kleine Töpfe umpflanzen.
Wenn es an den Eisheiligen nachts sehr kalt wird, hole sie noch mal ins Zimmer. Damit die kleinen Tomaten stark genug werden, die kleinen Seitentriebe regelmäßig abzwicken. Vielleicht musst du sie auch mit einem Stock unterstützen. Grüne Tomaten einfach auf dem Fensterbrett im Licht nachreifen lassen.

Oskar liebt Tiere und vor allem Gänse. Deshalb isst er lieber kein Fleisch. Wenn er zum Grillfest eingeladen ist, macht er für sich und alle anderen einen leckeren Salat. Der schmeckt auch den Würstchenfans!

Couscous-Salat

Zutaten für 4 Portionen:
1 unbehandelte Zitrone
1 rote Paprikaschote
3 Frühlingszwiebeln
1 Zehe Knoblauch
5 EL mildes Olivenöl
200 ml warmes Wasser
Salz, Pfeffer
150 g Instant-Couscous
1 Bund glatte Petersilie

Die Zitrone, die Paprika und die Frühlingszwiebeln gründlich unter fließendem Wasser abwaschen und abtropfen lassen.

Die Schale der Zitrone mit einer feinen Reibe abreiben. Dann halbieren und den Saft auspressen. Die Knoblauchzehe schälen und fein hacken. Zitronensaft und -schale, Knoblauch, Olivenöl, Wasser, Salz und Pfeffer in einer großen Schüssel mischen. Den Couscous damit verrühren und quellen lassen.

Inzwischen die Petersilie im Bund waschen und

draußen oder vorsichtig in der Spüle trocken schütteln. Petersilie mit den Stielen fein hacken und etwa 1 EL beiseitelegen.

Von der Paprikaschote den Stiel, die weißen Innenwände und die Kerne entfernen und die Schote fein würfeln.

Die Frühlingszwiebeln von Wurzeln und Welkem befreien und die Zwiebeln mitsamt ihren grünen Enden in feine Ringe schneiden.

Paprika, Petersilie und Zwiebeln vorsichtig mit dem Couscous vermischen und eventuell mit Salz und Pfeffer nachwürzen. Zum Schluss den Salat mit der restlichen Petersilie bestreuen.

Ich mag den Couscous-Salat auch sehr gerne mit klein geschnittenen Tomaten und Gurken.

... und für mich bitte mit extra viel Petersilie!

Couscous wird aus Weizengrieß gemacht und kommt aus Nordafrika. Weil man es auch schon vorgegart kaufen kann, ist es ganz schnell und einfach zubereitet. Zu warmem Couscous kann man eigentlich alles essen: Fleisch, Fisch, Pilze, Gemüse und Kichererbsen. Man kann sogar Süßspeisen damit kochen. Wenn du wie Oskar einen Salat daraus machst, kannst du auch noch 1 Scheibe Feta in Würfeln dazugeben, dann ist der Salat eine richtige Mahlzeit und schmeckt extra würzig. Dazu passen auch Oliven und noch ein bisschen gehackte frische Minze!

Lene und Thomas kochen heute extra viele Kartoffeln. Gleich gibt es zum Abendessen Pellkartoffeln mit Kräuterquark. Aus den restlichen Kartoffeln machen sie zusammen einen großen, bunten Kartoffelsalat. Den nehmen sie morgen mit in den Kindergarten. Thomas ist nämlich mal wieder mit Kochen dran.

Kartoffelsalat

Zutaten für 4 Portionen:
600 g Kartoffeln, festkochend
1 Mini-Salatgurke
4–5 große Radieschen
1 Bund Schnittlauch
50 ml Wasser oder Brühe
2 EL Senf
2 EL Rapsöl
2 EL Essig
Salz, Pfeffer

Wie man Pellkartoffeln mit wenig Wasser im Dampf kocht, siehst du auf Seite 135.

Die Kartoffeln mit viel Wasser gründlich schrubben und mit 200 ml Wasser in einen kleinen Topf geben. Den Deckel auflegen und die Kartoffeln in etwa 20 Minuten gar kochen. Größere Kartoffeln brauchen etwas länger.

In der Zwischenzeit Gurke, Radieschen und den Schnittlauch waschen.

Von der Gurke die Enden abschneiden und die Gurke der Länge nach halbieren. Dann jede Hälfte noch mal längs durchschneiden und in dünne Scheiben schneiden.

Von den Radieschen Wurzeln und Blätter abtrennen. Die Radieschen halbieren und mit einem großen Gemüsemesser mit glatter Schneide grob hacken.

Jetzt den Schnittlauch mit einer sauberen Schere in dünne Röllchen schneiden. Inzwischen sind die Kartoffeln gar. In die Spüle schütten und kurz kalt abbrausen, dann lassen sie sich besser pellen.

Das Wasser oder die Brühe mit dem Senf, dem Öl, dem Essig, Salz und Pfeffer mischen. Die Kartoffeln vorsichtig in dünne Scheiben schneiden und in die Sauce geben. Mit den übrigen Zutaten mischen.

Jetzt muss der Salat mindestens eine Viertelstunde ziehen. Mit Salz und Pfeffer abschmecken – vielleicht auch noch mit einem Schuss Essig. Der Salat schmeckt warm und kalt.

Sind die Kartoffeln gar? Steche mit einem Messer oder einem Holzstäbchen in die Kartoffel. Sie darf nicht mehr hart sein.

Mit diesem Gerät piekst du die Kartoffeln auf, um sie zu pellen. Je heißer die Kartoffel, umso leichter löst sich die Schale.

Cremiger Kartoffelsalat

Zutaten für 4 Portionen:
600 g Kartoffeln, festkochend
1 kleine Zwiebel
2 Scheiben gekochter Schinken
1 hart gekochtes Ei
3–4 saure Gurken
½ Zitrone
1 EL Essig
1 EL Senf
100 g saure Sahne
100 g Naturjoghurt
Salz, Pfeffer

Kartoffeln wie links beschrieben kochen, pellen, abkühlen lassen und in dünne Scheiben schneiden.

Dann die Zwiebel schälen und klein hacken. Schinken, Ei und saure Gurken in Würfel schneiden.

Die Zitrone auspressen und den Saft mit Essig, Senf, saurer Sahne und Joghurt verrühren. Mit Salz und Pfeffer abschmecken.

Jetzt die Kartoffeln, Ei, Schinken und Gurken in die Sauce geben und vorsichtig mischen. Nochmals abschmecken und nachwürzen.

Mit Kartoffelsalat kann man endlos experimentieren: Erfinde dein eigenes Lieblingsrezept. Zum Beispiel mit Stangensellerie, Fenchel, Tomaten oder Frühlingszwiebeln.

Zu Pellkartoffeln passt besonders gut Danielas Kräuterquark von Seite 20.

Wenn es viel junges Gemüse und Basilikum gibt, dann ist es Zeit für eine italienische Gemüsesuppe. Und weil Petra so gern liest, kocht sie ihre Minestrone immer mit Buchstabennudeln. Dann kann sie sogar beim Essen lesen.

Buchstabennudelsuppe (Minestrone)

Zutaten für 4 Portionen:
2–3 Frühlingszwiebeln
2 Karotten
2 Tomaten
1 Maiskolben
50 g Schinkenwürfel
1 Zweig Rosmarin
2 EL Rapsöl
1 EL Tomatenmark
1 Handvoll Basilikumblätter
Salz, Pfeffer
100 g Buchstabennudeln
100 g ausgepulte Erbsen (frisch oder tiefgefroren)
50 g Reibekäse (am besten Parmesan)

Das frische Gemüse und die Kräuter waschen und abtropfen lassen.

Die Wurzeln von den Zwiebeln abschneiden. Zarte Karotten müssen nicht geschält werden. Die Karotten und Zwiebeln in dünne Scheiben schneiden. Die Tomaten mit einem Riffelmesser erst halbieren. Den grünen Stielansatz herausschneiden. Dann die Hälften in Würfel schneiden.

Den Maiskolben auf ein Brettchen legen und die Körner mit einem langen Messer vom Kolben schneiden.

In einem Suppentopf die Schinkenwürfel und den Rosmarin im Öl andünsten, bis sie brutzeln. Dann das Tomatenmark und die Karotten zugeben und weiterrösten. Bis 100 zählen und die Zwiebeln zugeben. Kurz mitdünsten lassen. Nun 800 ml Wasser angießen und 2 TL Salz und eine Prise Pfeffer dazugeben. Deckel drauf und warten, bis es leicht kocht. Dann die Buchstabennudeln zugeben und leicht kochen lassen.

Währenddessen die Basilikumblätter mit der Schere in Streifen schneiden.

Danach kommen die Tomaten, die Erbsen und der Mais in die Suppe. Noch mal köcheln lassen und wieder bis 100 zählen. Dann die ganze Suppe in die Terrine schöpfen und den Rosmarinzweig herausfischen, die Basilikumstreifen darüberstreuen, fertig.

Den Käse zum Selberdarüberstreuen auf den Tisch stellen.

In einer Suppe mit Riesenbuchstaben kann man noch besser lesen! Wie lange Nudeln kochen müssen, steht auf der Packung.

Zur Minestrone passt fast jedes Gemüse: Kohlrabi, Zucchini, Brokkoli oder Bohnen. Wenn man lieber Brot statt Nudeln isst, wird geröstetes Brot mit frischem Knoblauch abgerieben, mit Basilikum und Käse bestreut und unten in den tiefen Suppenteller gelegt. Dann erst die heiße Suppe darüberschöpfen.

Am besten schmecken natürlich frische Erbsen. Die gibt es nur im Juni und Juli. Davon musst du dreimal so viel kaufen, wie oben im Rezept angegeben, weil man die Schoten nicht essen kann. Breche sie auf und pule die Erbsen heraus. Sie schmecken auch roh ganz süß. Und man kann sie im Topf selber ziehen.

Wenn Oliver von der Arbeit nach Hause kommt und es an der Bushaltestelle schon nach Kebab duftet, freut er sich. Bei uns sagt man Fleischklößchen, Frikadellen, Buletten oder Pflanzerl, in Amerika Burger. Und in der Türkei eben Kebab oder Köfte.

Kebab-Röllchen

Zutaten für 20 Röllchen:
- 1 altbackenes Brötchen oder 1 altbackene Brotscheibe
- 1 Zwiebel
- 300 g Hackfleisch (Lamm oder Rind)
- 1 TL Salz, Pfeffer
- 1 TL Paprikapulver
- 1 Prise Pul Biber
- 1 Ei
- 3 EL Semmelbrösel
- 2–3 EL Öl zum Braten

Das Brötchen oder die Brotscheibe in eine Schüssel legen und mit heißem Wasser knapp bedecken, für ca. 10 Minuten einweichen.

In der Zwischenzeit die Zwiebel schälen, halbieren und fein würfeln. Die Zwiebelwürfel mit dem Hackfleisch in eine Schüssel geben und mit Salz, Pfeffer, Paprika und Pul Biber würzen.

Nun das Brötchen mit den Händen ausdrücken und mit dem aufgeschlagenen Ei zum Hackfleisch geben. Den Hackteig kräftig mit den Fingern durchkneten, bis alles gut vermischt ist.

Wenn die Masse ziemlich weich ist, die Semmelbrösel zugeben und verkneten.

Aus der Hackmasse mit den Händen dicke Röllchen formen. Mit nassen Händen geht es am besten.

Öl in einer großen Pfanne erhitzen und die Kebab-Röllchen darin bei mittlerer Hitze rundherum in 7–9 Minuten braun braten.

Statt Brötchen kannst du auch eine Handvoll Reis, Couscous, Semmelbrösel oder eine große geschälte und geriebene Kartoffel in den Fleischteig geben. Und beim Würzen kannst du ruhig auch einmal experimentieren: zum Beispiel mit Thymian, Senf, Tomatenmark oder Knoblauch.

Wenn man grillen möchte, wird der Hackteig fest um einen Schaschlikspieß gedrückt.

Mit Hackfleisch ist es so eine Sache:
Es verdirbt sehr schnell, weil es so klein gehackt ist. Deshalb immer im Kühlschrank aufbewahren und am Tag, an dem du es kaufst, verarbeiten. Für Kebab wird Lamm- oder Rindfleisch verwendet. Das Rezept funktioniert auch mit Schweinefleisch, dann sind es Frikadellen.

Pul Biber?
Was soll das denn sein?

Eine Gewürzmischung mit Chilischoten. Die schmeckt leicht scharf und süßlich.

Gibt's auch in der Döner-Bude.

Wenn man in der Türkei Pfeffer bestellt, bekommt man Pul Biber.

Man kann auch Chili oder Paprika nehmen.

Nicht nur Monika und Mingus mögen Fisch. Was für ein Glück, dass es in Wimmlingen das Fischgeschäft Poseidon gibt! Dreimal in der Woche kommt der Fischlieferant. Damit der Fisch immer frisch ist.

Backfisch mit Kartoffelbrei

Zutaten für 4 Portionen:

Für den Brei:
700 g mehligkochende Kartoffeln
200 ml Milch oder Buttermilch
1 EL Butter
Salz
geriebene Muskatnuss

Die Kartoffeln waschen und in einem zugedeckten Topf mit etwa ¼ l Wasser kochen, bis sie weich sind. Dann in die Spüle schütten, mit kaltem Wasser abbrausen und pellen.

Den Topf spülen und die Milch darin erwärmen. Ab und zu umrühren, damit sie nicht anbrennt! Die Kartoffeln in die Milch schneiden, Butter, Salz und Muskatnuss zugeben und mit einem Kartoffelstampfer zu Püree stampfen. Die Fischfilets mit Küchenpapier trocken tupfen.

Die Limette oder Zitrone in mindestens 6 lange Spalten schneiden. 4 davon beiseitelegen. Die anderen über dem Fisch ausdrücken. Die Filets dann noch etwas salzen.

Das Mehl auf einem flachen Teller mit dem Kurkuma mischen. Jetzt die Filets nacheinander in das gewürzte Mehl legen und sie von allein Seiten mit dem Mehl bedecken, bis sie rundum einen Mehlmantel haben.

Das Öl in einer Pfanne heiß werden lassen. Die Fischfilets in die Pfanne geben und sie auf jeder Seite in 3–4 Minuten kross braten. Herausheben und mit den Limettenspalten verzieren.

Joghurt-Remoulade

Gurken klein schneiden, Dill hacken, mit Joghurt vermischen und mit Salz und Pfeffer würzen. Fertig!

Für den Fisch:

4 feste Fischfilets (z. B. Seelachs oder Wels à 150 g)
1 Limette oder Zitrone
Salz
2 gehäufte EL Mehl
2 TL Kurkuma
2 EL Rapsöl zum Braten

Wie man Joghurt selber machen kann, siehst du auf Seite 67.

Für die Joghurt-Remoulade:

2 Gewürzgurken
2–3 Stängel Dill
1 Becher (150 g) Joghurt
Salz, Pfeffer

Kurkuma ist eine Pflanze, die mit dem Ingwer verwandt ist und aus Indien kommt. Das Gewürz wird aus dem Wurzelstock gewonnen. Hier sagt man auch „Gelbwurz“ und so sieht sie auch aus. Kurkuma ist mild, sehr gesund und gibt auch dem Currypulver seine Farbe.

Am besten klappt das Rezept mit frischem Fisch. Tiefgefrorenen Fisch vor dem Braten nicht ganz auftauen lassen, sonst zerfällt er.

Wenn Santosh kocht, kommen alle gerne zum Essen. Heute gibt es Biryani, ein indisches Reisgericht mit Putenfleisch. Santosh verrät Yvonne beim Kochen seine geheime Curry-Gewürzmischung aus dem Mörser: Kreuzkümmel, Gelbwurz, Muskat, Chili, Nelken und Koriander.

Biryani

Zutaten für 4 Portionen:
1 Bund Frühlingszwiebeln
2 EL Butter
200 g Basmatireis
Salz
200 g Putenbrust
Pfeffer
Currypulver
½ Zitrone
50 g Cashewkerne
300 g Erbsen (frisch oder tiefgefroren)
100 ml süße Sahne

Die Frühlingszwiebeln waschen und die buschigen Wurzeln und welken Blätter abschneiden. Mitsamt dem Grün in dünne Röllchen schneiden.

1 EL Butter in einem Topf erhitzen. Zwiebelröllchen und Reis darin etwa 2 Minuten andünsten. Dann 400 ml Wasser dazugießen, kräftig umrühren und 1 TL Salz zugeben. Deckel auf den Topf legen und den Reis bei schwacher Hitze 15 Minuten quellen lassen. Der Reis saugt dabei das Wasser auf.

In der Zwischenzeit die Putenbrust in Streifen schneiden und mit viel Currypulver, Salz und Pfeffer würzen. Die Zitrone auspressen.

Die restliche Butter in einer großen Pfanne schmelzen und die Putenstreifen und Cashewkerne darin etwa

5 Minuten braun braten. Zitronensaft, Erbsen und Sahne zugeben, einmal aufkochen lassen und abschmecken. Mit dem Reis zusammen genießen. Tiefgefrorene Erbsen müssen länger ziehen als frische!

Reis-Restepuffer

Den Reis mit dem Ei und dem Mehl in einer Schüssel mischen. Die Gemüsereste zerkleinern: Zucchini raspeln, Paprika in kleine Würfel schneiden, Erbsen und Maiskörner dürfen ganz bleiben. Kräuter waschen und trocken schütteln. Mit dem Wiegemesser hacken. Gemüse und Kräuter unter die Reismasse rühren. Mit etwas Salz, Pfeffer und Paprikapulver würzen.

Das Öl in einer beschichteten Pfanne heiß werden lassen. Mit einem nassen Esslöffel Teigkleckse in die Pfanne setzen und mit dem Löffelrücken etwas flach streichen. Die Puffer 4–5 Minuten braten, bis sie eine Kruste haben. Dann mit einem Pfannenwender umdrehen und von der anderen Seite noch mal so lange braten.

Benutze dabei am besten einen Spritzschutz. Die Puffer auf Küchenpapier legen und abtropfen lassen.

Reispuffer klappen mit jeder Sorte Reis! Auch wenn du mal vom Risotto (S. 101) etwas übrig hast, kannst du daraus Puffer machen. Oder vom Milchreis (S. 114) – dann werden es süße Puffer. Dafür dann Gemüse, Kräuter und Gewürze weglassen, stattdessen Apfelraspel und ein paar weiche, gehackte Trockenfrüchte untermischen. Mit Zimtzucker bestreuen. Dazu passt dann Kompott.

Dazu passt ein Klecks Schmand oder Tomatensauce oder ein bunter Salat.

Zutaten für 2 Portionen (8 Puffer):

200 g gekochter Reis (aus 100 g rohem)
1 Ei
3 EL Mehl
½ Tasse Gemüsereste (nimm, was du hast, z. B. Zucchini, Paprika, Erbsen, Maiskörner)
3 EL frische Kräuter
Salz, Pfeffer
Paprikapulver, edelsüß
2 EL Öl zum Braten

Je klebriger der Reis ist, desto besser halten die Puffer zusammen.

Weil heute Mittag ein Ball ins Schaufenster der Buchhandlung geflogen ist, kommt Hugo mal wieder viel zu spät nach Hause. Darum ist er froh, dass er neulich so viel Tomatensauce auf Vorrat gekocht hat. Jetzt muss er nur noch die Spaghetti kochen und schon ist sein Essen fertig!

Spaghetti mit Tomatensauce

Zutaten für 4 Portionen:
700 g reife Fleischtomaten
1 Zwiebel
3 Zweige Thymian
2 El Olivenöl
Salz, Pfeffer
300 g Spaghetti
½ TL Honig
1 EL Tomatenmark

Die Tomaten waschen, vierteln und den grünen Stielansatz herausschneiden. Die Zwiebel schälen, halbieren und in grobe Würfel schneiden. Die Thymianzweige waschen, trocken schütteln und die Blättchen von den Stielen streifen.

Das Öl in einer Pfanne erhitzen und die Zwiebel darin glasig dünsten. Die Tomatenviertel und den Thymian hinzugeben und für etwa 5 Minuten dünsten. Alles salzen und pfeffern und die Sauce bei mittlerer Hitze etwa 20 Minuten sanft kochen lassen, bis sie dick wird. Dabei ab und zu mit einem Löffel umrühren. Gegen das Spritzen hilft es, den Spritzschutz aufzulegen.

In der Zwischenzeit die Spaghetti in leicht gesalzenes, kochendes Wasser geben und nach Packungsanweisung garen. Die Tomatensauce mit einem Kartoffelstampfer kräftig zerdrücken oder von einem Erwachsenen mit einem Pürierstab pürieren lassen. Die Sauce noch mal mit etwas Salz und Pfeffer sowie Honig und Tomatenmark abschmecken.

Die Spaghetti in einem Sieb gut abtropfen lassen und dann mit der Tomatensauce ab auf den Tisch.

Tomatensauce könnte ich das ganze Jahr essen. Deshalb gibt es bei uns zu Hause immer ein paar Dosen mit Tomaten im Vorratsschrank. Und Nudeln sowieso. Die Tomaten aus der Dose kannst du verwenden, wenn du gerade keine frischen hast.

Wie viele Nudelarten kennt ihr? Wisst ihr auch, wie sie aussehen? Wer die Nudel wohl erfunden hat? Man weiß es nicht genau – aber der Erfinder oder die Erfinderin hat eigentlich ein riesiges Denkmal verdient – oder?

Hörnchennudeln

Tagliatelle oder Bandnudeln

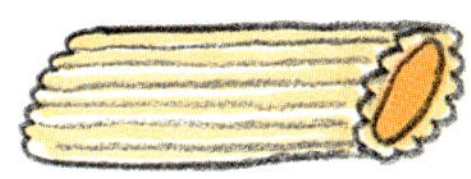

Penne

Fusilli

Farfalle oder Schmetterlingsnudeln

Elke und Manfred haben dieses Rezept von ihrer Hochzeitsreise aus Frankreich mitgebracht. Pfannkuchenteig wird einfach in einer Auflaufform mit Kirschen gebacken. Schmeckt am besten frisch aus dem Ofen. Die Kerne bekommt Andrea. Sie schenkt Friedrich zum Geburtstag nämlich ein selbst genähtes Kirschkernkissen!

Versunkene Kirschen

Zutaten für 4 Portionen:

etwa 500 g Kirschen
3 Eier
4 EL Puderzucker
150 g Mehl
250 ml Milch
Fett für die Form

Kirschen gründlich waschen und die Stiele abzupfen. Am besten mit einem Kirschenentsteiner entsteinen, damit die Kerne nicht im Kuchen landen. Vergiss deine Schürze nicht!

Eier in eine Schüssel schlagen. Mit einem Schneebesen und der Hälfte des Puderzuckers verrühren. Dann abwechselnd Mehl und Milch zugeben. Rühren, bis der Teig keine Klümpchen mehr hat.

Den Backofen auf 200 °C (Umluft 180 °C) vorheizen. Eine flache Auflaufform (27 cm ø oder etwa 15 x 25 cm) mit Butter oder Margarine einpinseln.

Jetzt den Teig hineingießen. Mit den Kirschen belegen und auf die untere Schiene in den heißen Ofen schieben.

Nach etwa 15 Minuten ist der Kirschkuchen fertig. Herausholen und mit einem Sieb den restlichen Puderzucker über dem Kuchen verteilen.

Schmeckt warm und kalt und wird gelöffelt – sehr gut auch mit Vanilleeis!

Kirschkernkissen

Wenn man den ganzen Sommer Kirschkerne sammelt, hat man irgendwann genug Kerne, um ein kleines Kissen damit zu füllen.
Man kann es im Winter auf der Heizung aufwärmen und dann wie eine Wärmflasche ins Bett legen. Das hilft gegen kalte Winterfüße, Bauch- und Rückenweh oder ist einfach nur angenehm und gemütlich.
Zuerst die Kerne besonders gründlich waschen und trocknen. Das geht am besten auf einem Tablett in der Sonne.
Dann wird das Kissen genäht und danach gewendet.
Wenn du das noch nicht selber kannst, hilft dir ein Erwachsener.
Das Kissen muss an einer Seite ein Stückchen offen bleiben, damit man die Kerne einfüllen kann. Anschließend wird die Öffnung zugenäht und fertig ist das Kirschkernkissen!

(Eine ausführliche Anleitung findest du unter www.wimmlingen.de)

Zutaten für 1 Kissen:
jede Menge Kirschkerne
ein Stück Stoff
Faden
Schere
Nadel
oder Nähmaschine

Nicht nur Friedrich freut sich über so ein hübsches Kirschkernkissen. Es wärmt und tröstet, auch wenn man mal krank ist.

Manchmal ist die nächste Eisdiele ganz schön weit weg oder Gabriele ist gerade am anderen Ende der Stadt mit ihrem Eiswagen. Dann sind Lene und Linus froh, wenn sie ein selbst gemachtes Eis im Kühlschrank haben.

Eis am Stiel

Zutaten für 4 Portionen:
100 g Magerquark
1 Päckchen Vanillezucker
2–3 EL Zucker
150 g Erdbeeren (oder andere süße, weiche Früchte)
50 ml süße Sahne
Trinkhalme
je nach Geschmack gehackte Nüsse oder Schokostreusel

Magerquark, Vanillezucker und Zucker in einer Schüssel cremig rühren. Die Erdbeeren waschen, den Stielansatz abschneiden und die Früchte zu der Quarkcreme hinzugeben. Alles miteinander von einem Erwachsenen mit dem Pürierstab pürieren lassen.

Wenn das Obst zu sauer ist, wie Stachel- oder Johannisbeeren, einfach etwas nachsüßen.

Die Sahne steif schlagen und unter den Quark heben.

Die Eismasse in eine Eiswürfelform geben, am besten eine weiche aus Silikon. Dabei nach und nach die Abteile füllen. Trinkhalme klein schneiden (die dicken Halme – sie bleiben am besten im Fach stehen) und jeweils einen in jedes Fach stecken, um ihn später als Eisstiel zu verwenden. Obenauf ein bisschen Nüsse oder Schokostreusel verteilen.

Jetzt mindestens für 3 Stunden ins Gefrierfach geben. Ist alles gefroren, kann man immer ein Eis nach dem anderen aus der Form drücken.

Joghurt machen ist kinderleicht und man braucht dazu keine besonderen Geräte oder Zutaten. Außerdem spare ich jede Menge Plastikmüll, und in meinem Joghurt ist nur das drin, was ich wirklich mag.

Joghurt selbst gemacht

Zutaten für 500 ml Joghurt:
500 ml Frischmilch
Joghurt natur (nicht mild und ohne Zusätze)

kleinere Keramik- oder Porzellangefäße für insgesamt 500 ml
großes Gefäß mit Deckel (z. B. Kochtopf)
Thermometer

Milch zum Kochen bringen und auf eine Temperatur zwischen 40 und 50 °C abkühlen lassen.

In der Zwischenzeit werden die kleinen Joghurtgefäße zum Vorwärmen mit heißem Wasser gefüllt.

Dann 3–4 Esslöffel Joghurt in die abgekühlte Milch geben und mit dem Schneebesen kräftig unterrühren.

Die Töpfchen mit der Joghurt-Milch-Mischung füllen und in das große Gefäß stellen. Heißes Wasser ringsherum einfüllen, bis die Gläser mindestens zu zwei Dritteln im Wasser stehen. Den Deckel auf das Gefäß legen und den Joghurt an einem warmen Ort 4–5 Stunden, am besten über Nacht, reifen lassen. Während dieser Zeit das Gefäß möglichst nicht bewegen. Wenn der Joghurt fertig ist, in den Kühlschrank stellen, dann wird er noch ein bisschen fester. Je länger du den Joghurt reifen lässt, desto saurer wird er.

HERBST

Der Kirschbaum zieht sein Herbstkleid an,
es reifen die Kastanien,
und Stare, Schwalben, Kormoran
fliegen schon bald nach Spanien.

Susanne sucht in Wald und Hain
gern Beeren, Pilze, Nüsse,
und sie bekommt noch obendrein
Sturm, Sonne, Regengüsse!

Und Kürbisfratzen, Rübenlicht,
die flackern nachts aus Fenstern.
Wir fürchten uns vor ihnen nicht
und auch nicht vor Gespenstern!

Wir laden unsre Nachbarn ein
zu Äpfeln, Kohl und Speck,
zu Nudeln, Auflauf, Gänseklein –
mit silbernem Besteck!

PILZE
SUPPEN

Halloween ist ein Brauch, der eigentlich aus Irland kommt. Dort hat man früher am 31. Oktober aus großen Rüben Laternen gebastelt. Heute nimmt man dafür meistens Kürbisse. Friedrich hat seinen Riesenkürbis dem Kindergarten geschenkt. Der ist nicht so hart wie ein Hokkaido und aus seinem Inneren kann man außerdem eine tolle Suppe kochen. Aber vorher wird das Halloween-Monster-Gesicht geschnitzt. Alle Kinder helfen mit. Zuerst malen Lene und Linus mit einem Filzstift eine Zickzacklinie für den Deckel und ein Gesicht auf den Kürbis. Nachdem Friedrich den Deckel abgeschnitten hat, kann man die Kerne mit der Hand herausholen. Für das Fruchtfleisch nimmt man am besten einen Eisportionierer oder große Löffel. Friedrich hilft da, wo man für das Gesicht ein scharfes Messer braucht. Manche Formen kann man auch mit einem Apfelausstecher ausschneiden. Abends, wenn eine Kerze im Inneren leuchtet, wird der Kürbis ins Fenster gestellt und sieht dann im Dunkeln geheimnisvoll und ein bisschen gruselig aus.

Heute, am 31. Oktober, ist Halloween und der Riesenkürbis im Kindergarten bekommt ein Monstergesicht. Alle Kinder helfen mit und freuen sich schon auf die leckere Kürbissuppe, die Silvia nebenbei kocht.

Kürbiscremesuppe

Zutaten für 4 Portionen:
500–600 g Kürbisfleisch
1 Zwiebel
1 Knoblauchzehe
1 Kochapfel (kann auch Fallobst sein)
2 EL Butter
1 EL Currypulver
Salz, Pfeffer
1 Handvoll Petersilie
200 g Schmand
Muskatnuss

Das Kürbisfleisch von allen Kernen befreien und grob würfeln. Die Zwiebel und den Knoblauch schälen und halbieren. Dann in Würfel schneiden oder hacken.
Den Apfel waschen, in Viertel schneiden, das Kerngehäuse und den Stiel entfernen und den Apfel mit Schale klein schneiden. Nur wenn die Schale sehr hart und verletzt ist, schälen.

Die Butter langsam in einem großen Topf erhitzen. Zwiebel und Knoblauch mit dem Currypulver darin für ca. 2 Minuten glasig dünsten. Dann Kürbis und Apfel zugeben, 500 ml Wasser hinzugießen, salzen und pfeffern. Den Deckel auflegen und alles in etwa 20 Minuten weich kochen.

In der Zwischenzeit die Petersilie waschen, trocken schütteln, Blättchen von den Stielen zupfen und grob hacken.

Die Suppe von einem Erwachsenen mit einem Pürierstab fein pürieren lassen.

Schmand vorsichtig dazugeben. Muskatnuss in die Suppe reiben und alles noch mal mit Salz und Pfeffer abschmecken. Je nach Bedarf mit Wasser verdünnen, bis die Suppe flüssig genug ist.

Noch mehr Kürbisrezepte auf der nächsten Seite.

Andrea und Friedrich haben beim Kürbiswettbewerb gewonnen und gleich die halbe Stadt zum Feiern eingeladen. Auf zwei großen Ofenblechen gibt es im Garten Kürbis- und Kartoffelspalten. Das ist praktisch: wenn ein Blech fertig ist, kommt gleich das nächste in den Ofen.

Kürbisspalten

Zutaten für 4 Portionen:
1 kl. Hokkaido-Kürbis (800 g)
4 getrocknete Tomaten in Öl
½ Zitrone
4 EL Öl (gerne auch das Öl von den Tomaten verwenden)
4 EL Körnermix (z. B. Sonnenblumen- und Kürbiskerne)
2 TL Salz

Den Kürbis waschen, halbieren – dabei am besten auf ein Brett legen – und mit einem Löffel die Kerne auskratzen. Das Kürbisfruchtfleisch nun in fingerdicke Spalten schneiden. Hokkaidos sind hart und deshalb etwas störrisch, du brauchst also einen Erwachsenen, der dir hilft.

Die Tomaten abtropfen lassen und in Streifen und dann quer in Würfel schneiden. Die Zitrone auspressen. Tomaten, Zitronensaft, Öl und Körner mischen. Die Kürbisstreifen darin wenden, dabei salzen.

Ein Backblech mit Backpapier auslegen und den Backofen auf 200 °C (Umluft 180 °C) vorheizen.

Die Kürbisspalten auf das Blech legen und auf die mittlere Schiene in den heißen Ofen schieben. Nach 20–25 Minuten ist der Kürbis fertig.

Rosmarinkartoffeln

Zutaten für 4 Portionen:
800 g Kartoffeln
frische Rosmarinzweige
4 EL Olivenöl
2 TL Salz

Die Kartoffeln mit einer Bürste oder einem Stahlschwamm gründlich schrubben, der Länge nach halbieren.

Die Rosmarinnadeln von den Zweigen entfernen. Die Nadeln und das Öl mischen. Die Kartoffeln darin wenden und salzen.

Ein Backblech mit Backpapier auslegen und den Backofen auf 200 °C (Umluft 180 °C) vorheizen.

Die Kartoffeln mit der Schnittseite aufs Backpapier legen und auf die mittlere Schiene in den heißen Ofen schieben. Nach 25–30 Minuten sind sie fertig.

Kürbisse pflanzen

Mach es doch mal wie ich.
Ich werfe die Kürbiskerne nicht weg, sondern trockne sie und bewahre sie dann in einer beschrifteten Papiertüte auf. Schon im März kann man die Kerne in kleine Blumentöpfe pflanzen. Immer gut gießen und warten, bis sich die ersten Blättchen zeigen. Erst im Mai, wenn es nachts nicht mehr kalt wird, kommen die Pflanzen draußen auf den Komposthaufen oder ins Beet. An einem Zaun oder einer Pergola können sie sogar klettern. Auf jeden Fall aber braucht so ein Kürbis viel Licht und Platz und Sonne!

Aufs Blech passen auch noch kleine Würstchen, zum Beispiel Nürnberger.

Oskar isst zu den Kartoffeln Danielas Kräuterquark von Seite 20.

Wenn der Sommer vorbei ist, sammelt Gabriele nicht nur gerne Maroni, sondern auch Pilze. Das ist fast so spannend wie eine Schatzsuche. Sie kennt viele Pilzsorten aus ihrem großen Pilzbuch – aber wenn sie sich nicht sicher ist, dann lässt sie die Pilze lieber stehen.

Gefüllte Pilze

Zutaten für 4 Portionen:
12–16 große Champignons (500 g)
½ Bd. Petersilie
1 kleine Knoblauchzehe
40 g Semmelbrösel
40 g Reibekäse
Salz, Pfeffer
3 EL Olivenöl

Die Pilze mit einem Papierküchentuch oder einer weichen Bürste putzen. Dann die Stiele vorsichtig aus den Pilzköpfen herausdrehen und zur Seite legen.

Die Petersilie waschen, trocken schütteln und die Blättchen von den Stielen zupfen. Den Knoblauch schälen und zusammen mit den Pilzstielen und den Petersilieblättern fein hacken.

Die gehackten Zutaten mit den Semmelbröseln und dem Reibekäse mischen. Alles mit Salz und Pfeffer würzen. Nun den Backofen auf 180 °C (Umluft 160 °C) vorheizen. Eine Auflaufform mit dem Olivenöl einfetten. Die Pilzköpfe mit der vorbereiteten Masse füllen und in die gefettete Form setzen. Diese auf die mittlere Schiene des Backofens schieben und die Pilzköpfe 15–20 Minuten backen.

Dazu passen Brot und Salat, zum Beispiel Feldsalat!

Pilz-Rührei

Zutaten für 1 Portion:
1 Ei
2–3 EL Milch
Salz, Pfeffer
geriebene Muskatnuss
1 EL fein gehackte Zwiebel
1 EL Butter
1 Handvoll Pilze

Ei, Milch und Gewürze mit der Gabel oder einem Schneebesen verquirlen.

Die Zwiebel in einer kleinen Pfanne in der Butter gelb andünsten. Pilze zugeben und bei mittlerer Hitze unter Rühren etwa 4 Minuten braten, sodass die Flüssigkeit verkocht.

Dann die Eimischung zugeben, eventuell noch etwas Butter dazu und alles stocken lassen. Einmal durchrühren und ab auf den Toast.

Über Pilze

Hast du gewusst, dass Pilze weder Pflanzen noch Tiere sind? Sie bilden ein ganz eigenes Reich. Viele Pilzarten wie Champignons, Austernpilze, Kräuterseitlinge und Shiitake werden gezüchtet. Andere Sorten kann man im Wald oder auf Wiesen sammeln. Die Saison fängt schon im Sommer an, und besonders gut wachsen die Pilze dann, wenn es warm und feucht ist. Es gibt auch viele giftige Pilze, darum muss immer jemand dabei sein, der sich, so wie Gabriele, richtig gut auskennt. In den meisten Städten gibt es dafür auch Pilzberatungsstellen. Wichtig ist, die Pilze frisch zu verarbeiten, weil sie schnell verderben. Und wenn man zu viele davon hat, dann kann man sie zum Trocknen auf einen Faden ziehen und an die Luft hängen. Erst wenn sie ganz trocken sind, kommen sie in ein Schraubglas und eignen sich dann ganz wunderbar zum Kochen und Würzen.

Über das Sammeln von Pilzen:

Zum Pilzesammeln nehme ich immer meinen Korb und ein kleines Messer mit. Damit die Pilze auch im nächsten Jahr wieder wachsen, schneide ich sie vorsichtig mit dem Messer ab. Und im Korb bleiben sie länger frisch als in einer Plastiktüte.

Es gibt viele verschiedene Kohlsorten: Blumenkohl, Brokkoli, Rotkraut, Grünkohl, Rosenkohl, Wirsing, Kohlrabi und Weißkohl. Weißkohl kennt man bei uns meistens als Sauerkraut, aber so wie Thomas ihn macht, mag es Lene am liebsten, weil er kein bisschen sauer, sondern zart und süß schmeckt.

Krautnudeln

Zutaten für 4 Portionen:
200 g Band- oder Hörnchennudeln
1 kleiner Weißkohl (ungefähr 800 g)
1 Knoblauchzehe
1 Zwiebel
2 EL Rapsöl
200 g Rinderhackfleisch
Salz, Pfeffer
2 TL Paprikapulver, edelsüß
100 g Schmand

Die Nudeln in reichlich Salzwasser bissfest kochen. 100 ml Nudelwasser abschöpfen und aufheben, den Rest durch ein Sieb abgießen.

Den Weißkohl waschen, längs halbieren und mit einem großen Gemüsemesser quer in ganz feine Streifen schneiden. Den dicken Strunk nicht mit verwenden.

Blumenkohl

Brokkoli

Rotkraut

Thomas hobelt den ganzen Kohlkopf auf einem Krauthobel. Aber dazu braucht man große Hände, einen großen Hobel und viel Kraft!

Knoblauchzehe und Zwiebel schälen und fein würfeln.

Das Rapsöl in einer großen, beschichteten Pfanne erhitzen und das Hackfleisch mit Knoblauch und Zwiebel zugeben. Mit Salz, Pfeffer und Paprikapulver würzen. So lange braten, bis das Fleisch knusprig braun wird. Dabei ständig rühren.

Nun die Weißkohlstreifen in die Pfanne geben und bei kleiner Hitze mitgaren. Den Deckel auflegen und alles etwa 20 Minuten schmoren, bis das Kraut gar ist. Kurz vor Ende der Garzeit das Nudelwasser zugießen.

Dann den Schmand unterziehen und zum Schluss die Nudeln untermischen und mit erhitzen. Nochmals abschmecken und fertig!

Wir Vegetarier mischen statt Fleisch einfach gehackte Walnüsse in den Weißkohl.

Grünkohl

Rosenkohl

Weißkohl

Wirsing

Schon sehr, sehr lange vor Pedro sind Kartoffeln, Tomaten und Bohnen aus Südamerika bei uns eingewandert. Wenn Pedro für seine Freunde kocht, gibt es zum Nachtisch immer noch ein Lied auf der Gitarre.

Schmorbohnen mit Tomaten

Zutaten für 4 Portionen:

600 g grüne Bohnen
1 Zwiebel
2 EL Olivenöl
3 EL Tomatenmark
1 Dose Tomaten in Stückchen (400 g)
Salz, Chilipfeffer
1 TL Kreuzkümmel
1 Bund Petersilie oder Koriandergrün

Die Bohnen waschen, die Enden abzwicken und dabei die Fäden abziehen, wenn welche vorhanden sind. Sehr lange Bohnen halbieren, die breiten, langen Bohnen schräg in etwa 5 cm lange Stücke schneiden. Die Zwiebel schälen, halbieren und fein würfeln.

Das Öl in einer großen beschichteten Pfanne erhitzen und die Zwiebelwürfel darin glasig dünsten. Tomatenmark mit 2 EL Wasser unterrühren. Bohnen dazugeben und ca. 5 Minuten bei geschlossenem Deckel dünsten.

Nun die Tomaten mit dem Saft in die Pfanne geben. Alles kräftig mit Salz, Chilipfeffer und Kreuzkümmel würzen und wieder zugedeckt bei mittlerer Hitze ca. 15 Minuten schmoren.

Inzwischen die Petersilie oder das Koriandergrün waschen, trocken schütteln, die Blättchen abzupfen und fein hacken. Petersilie oder Koriander zu den Schmorbohnen geben und unterrühren. Kurz zugedeckt auf der ausgeschalteten Herdplatte ziehen lassen und noch mal mit Salz und Pfeffer abschmecken.

Dazu gibt es bei Pedro natürlich: Kartoffeln! Entweder einfach Pellkartoffeln oder Ofenkartoffeln.

Über die Bohnen

Auch die Feuerbohne kommt aus Südamerika. Sie schmeckt nicht nur gut, sie sieht auch sehr schön aus. Bis fünf Meter hoch können ihre Triebe werden, die Blüten sind feuerrot und sie wächst sehr schnell. Man steckt die Bohnenkerne im Mai in die Erde, dann kann man schon im Sommer jede Menge Bohnen ernten. Zuerst als grüne Bohnen und später, wenn die Schoten braun und trocken sind, kann man auch die Bohnenkerne kochen. Oder man hebt sie auf und pflanzt im nächsten Jahr neue Bohnen.

Vorsicht!
Rohe, grüne Bohnen darf man auf keinen Fall essen. Sie enthalten ein giftiges Eiweiß, das aber beim Kochen verschwindet.

Gemeinsam mit Freunden zu kochen macht genauso viel Spaß wie das Essen selber! Bei einer Pizzaparty kann sich jeder seinen eigenen Belag wünschen. Ina mag ihre Pizza am liebsten mit Mozzarella, Rucola und Tomaten.

Pizza

Zutaten für 1 Blech:
400 g Mehl Type 1050
+ Mehl zum Arbeiten
1 Päckchen Trockenhefe
1 Prise Zucker
4 EL Öl
1 TL Salz
250 g reife Tomaten
4 EL Tomatenmark
1 TL getrocknete italienische Kräuter
2 Mozzarellakugeln à 125 g
50 g Rucola
Pfeffer aus der Mühle

Das Mehl mit Trockenhefe und Zucker in einer großen Schüssel mischen. Etwa 200 ml lauwarmes Wasser dazugeben und den Teig kräftig kneten, bis er nicht mehr klebt. Am Schluss 2 EL Öl und das Salz unterkneten. Abgedeckt an einem warmen Ort ca. 30 Minuten gehen lassen, bis der Teig doppelt so hoch ist.

Frank isst Pizza am liebsten mit Schinken. *Lene freut sich auf ihre Pizza mit Salami.* *Karlchen hat Shrimps und Spinat auf seiner Pizza.*

Inzwischen die Tomaten waschen. Erst in Viertel schneiden, Stielansatz entfernen und dann die Viertel quer in schmale Streifen schneiden. Das klappt nur mit einem geriffelten Messer gut! Dann die Tomatenstückchen mit dem Tomatenmark, den Kräutern und Salz gut vermischen.

Den Backofen auf 220 °C (Umluft 200 °C) vorheizen. Ein Backblech mit Backpapier auslegen. Arbeitsplatte und Hände gut einmehlen. Nun den Teig noch einmal durchkneten, mit einer Teigrolle auf Backblechgröße ausrollen und auf das mit Backpapier ausgelegte Blech legen. Mit den bemehlten Händen schön in die Ecken drücken.

Den Teig mit dem Tomatenmix bestreichen. Den Mozzarella abtropfen lassen, in dünne Scheiben schneiden und diese mit den Fingern zerzupfen und auf dem Teig verteilen. Im Ofen auf dem Ofenboden ca. 15 Minuten backen.

Inzwischen den Rucola waschen und trocken schütteln. Die fertige Pizza aus dem Ofen holen, Rucola darauf verteilen und mit dem übrigen Öl beträufeln. Mit Pfeffer übermahlen.

Aus dem Pizzateig kannst du auch Brotfladen backen. Das geht genau wie bei der Pizza, nur wird dann der Teig zum Beispiel mit Rosmarin oder getrockneten Tomaten, mit Nüssen oder Oliven bestreut. Nach dem Backen mit etwas Öl beträufeln. Das schmeckt toll zu Salat oder Grillfleisch.

... und was ist deine Lieblingspizza?

Petra lässt Linus von ihrer Pilz-Pizza probieren.

Linus mag Zwiebeln und Sardellen.

Auf Armins Pizza sind vier Käsesorten.

Jonas schwört auf Parmesan, Kräuter und frische Tomaten.

Lene und Thomas könnten jeden Tag Brezeln essen. Egal ob süß oder salzig. Und wenn Niko mal wieder ausgebüxt ist, lässt er sich mit einer Brezel meistens leicht wieder nach Hause locken.

Nuss-Brezeln

Zutaten für 8 Brezeln:
- 200 g Walnusskerne
- 300 g Mehl Type 1050
- 1 Prise Salz
- 2 EL Zucker
- ½ Päckchen Backpulver
- 200 g Magerquark
- 6 EL Öl
- 1–2 EL Zitronensaft
- 6 EL flüssiger Honig
- 8 EL süße Sahne

Die Hälfte der Walnüsse fein mahlen, die andere etwas gröber. Das geht beides im Blitzhacker – einmal länger laufen lassen und einmal kürzer.

Die fein gemahlenen Nüsse mit Mehl, Salz, Zucker und Backpulver gut mischen. Quark und Öl hinzugeben und alles gut miteinander verkneten. Ist der Teig noch zu trocken, den Zitronensaft und etwas Wasser zufügen.

Ein Backblech mit Backpapier auslegen und den Ofen auf 200 °C (Umluft 180 °C) vorheizen. Die gehackten Nüsse mit Honig und 6 EL Sahne in einem kleinen Topf mischen und erwärmen.

Die Arbeitsfläche mit etwas Mehl bestäuben und den Teig etwa 40 cm lang und 20 cm breit ausrollen. Mit dem Nuss-Honigmix bestreichen. Nun in 8 ähnlich breite Streifen schneiden. Jeden Streifen wie eine Kordel mit sich selbst verdrehen und auf dem Blech zur Brezel legen. Zwei Fingerbreit Abstand zwischen den Brezeln lassen. Die Brezeln mit 1–2 EL Sahne bestreichen. Im Ofen (Mitte) in etwa 15 Minuten goldbraun backen.

Wie man Nüsse auch ohne Blitzhacker zerkleinern kann, siehst du auf Seite 136.

Salzige Brezeln

Den Teig wie für die Nuss-Brezeln zubereiten. Statt Zucker kommt mehr Salz, statt Honig Reibekäse in den Teig. Die gröber gehackte Hälfte der Nüsse mit dem Käse vermischen. Nachdem der Teig ausgerollt ist, das verquirlte Ei auf den Teig streichen, damit die Füllung besser haften kann.

Dann Nüsse und Käse darüberstreuen und wie links angegeben fortfahren.

Zutaten für 8 Brezeln:
200 g Walnusskerne
300 g Mehl Type 1050
1 Prise Salz
6 EL Öl
½ Päckchen Backpulver
200 g Magerquark
1–2 EL Zitronensaft
6 EL Reibekäse
6 EL süße Sahne,
1 Ei

Und so werden die Brezeln gemacht:

Statt Walnüsse kann man auch Haselnüsse, Mandeln, Kürbis- und Sonnenblumenkerne oder Sesam nehmen!

Wenn Walnüsse im Herbst noch ihre grünliche oder schwarze Schale haben, müssen sie davon befreit und zum Trocknen ausgebreitet werden, damit sie nicht schimmeln. Vorsicht: Die Schale färbt die Finger gelb und das lässt sich nur schwer wieder abwaschen.

Wenn es kühler und schon früh dunkel wird, verkauft Gabriele aus ihrem umgebauten Eiswagen heiße Maroni. Die Esskastanien duften herrlich und wärmen von außen und von innen. Wenn abends noch nicht alle Maroni verkauft sind, backt Gabriele daraus frische Muffins.

Maroni-Muffins

Zutaten für 12 Muffins:
150 g frische Maroni oder 100 g gegarte, geschälte Maroni
180 g Mehl Type 1050
2 TL Backpulver
1 Prise Salz
2 TL Kakaopulver (entölt)
140 g Zucker
100 g weiche Butter
2 Eier
120 ml Orangensaft
50 g Schokoladenreste

Den Backofen auf 200 °C (Umluft 180 °C) vorheizen. Wenn noch vorhanden, die grüne stachelige Schutzhülle von den Maroni entfernen. Am besten mit dicken Garten-Handschuhen.

Die Maroni waschen und mit einem scharfen Messer auf der gewölbten Seite über Kreuz einritzen. Alles auf einem Backblech verteilen und auf der untersten Schiene im heißen Backofen ca. 25 Minuten rösten, bis sie aufspringen. Ab und zu die Maroni mit einem Holzspatel wenden.

Die Maroni aus dem Ofen nehmen und etwas abkühlen lassen, damit die Finger nicht verbrennen, und dann schälen. Den Ofen angeschaltet lassen.

Inzwischen die Mulden eines Muffinbleches mit etwas Butter einfetten oder mit Silikonförmchen bestücken.

Mehl, Backpulver, Salz und Kakao in einer Schüssel mischen. Zucker und Butter in einer zweiten Schüssel cremig rühren und Eier und Orangensaft unterrühren.

Maroni und Schokoreste grob hacken.

Die Mehlmischung und Schoko-Maronimix auf den flüssigen Mix geben und rasch unterziehen. Den Teig gleichmäßig in die Muffinförmchen füllen und im noch 200 °C heißen Backofen auf der mittleren Schiene ca. 20–25 Minuten backen. Wenn die Muffins fertig sind, herausnehmen und abkühlen lassen.

Wer mag, kann noch Puderzucker darübersieben.

Vorsicht beim Einritzen! Lieber die Maroni auf ein Brettchen legen und dann einschneiden.

Linus und Oliver stellen manchmal ein altes Backblech mit vorher eingeritzten Maroni übers Lagerfeuer im Garten. Tanja kocht sie lieber in der Küche in einem Topf mit wenig kochendem Wasser. Das dauert ungefähr 15 Minuten.

Wenn es kalt wird, tut heißer Tee richtig gut. Jeder kann seine Lieblingssorte selber mischen und würzen. Martha schwört auf Kräutertee und Susanne trinkt abends am liebsten Apfeltee, weil er so köstlich schmeckt und man damit so gut einschlafen kann.

Tee selbst gemacht

Zutaten für 1 Liter:
1 Handvoll frische Apfelschalen (oder die Hälfte getrocknete)
1 Stückchen Zimtstange
1 l Wasser
1–2 TL Honig oder Zucker oder Apfeldicksaft

Apfeltee

Die Apfelschalen und die Zimtstange in einen Topf geben und mit dem Wasser aufkochen. Dann vom Herd nehmen und 15 Minuten ziehen lassen.

Den Tee durch ein Sieb in eine große Kanne gießen und mit Honig, Zucker oder Apfeldicksaft abschmecken.

Frischer Kräutertee

Die frisch gesammelten Kräuter waschen. Dann in eine große Kanne geben und mit kochendem Wasser übergießen. Der Tee muss 5–10 Minuten ziehen, dann kann er durch ein feines Sieb in die Tassen gegossen werden. Bei getrockneten Kräutern reicht es, den Tee 5 Minuten ziehen zu lassen.

Zutaten für 1 Liter:
1 Handvoll frisch gesammelte Kräuter oder 2–3 EL getr. Kräuter (z. B. Zitronenmelisse, Pfefferminze, Salbei, Kamille, Himbeerblätter)
1 l Wasser

Auch in den schrumpeligsten Schalen von Äpfeln und Fallobst stecken noch wahre Zauberkräfte.

Das weiß auch der Igel. Im Tee sorgen sie dafür, dass wir nicht bei jeder Kleinigkeit krank werden.
Man kann diese Schalen auch trocknen und in Stoffsäckchen aufbewahren. Dann hat man für die vielen kalten Tage immer einen Teevorrat.

Zum Würzen und für Tee ernte und trockne ich Kräuter aus dem Klostergarten. Zu kleinen Sträußen gebunden

oder auf Küchenpapier ausgebreitet, trocknen sie an einem warmen und luftigen Ort. Nach ungefähr einer Woche, wenn sie richtig trocken sind, fülle ich sie in hübsche Blechdosen und habe immer ein schönes Geschenk und Vorrat für den Winter.

Wer möchte, kann ein Stückchen Süßholzwurzel oder ein frisches oder getrocknetes Steviablatt

mitziehen lassen. Das macht den Tee süß. Aus Süßholz wird Lakritz gemacht, das kann man auch ein bisschen schmecken. Man bekommt es in der Apotheke, im Reformhaus oder man bestellt es im Internet.

Armin teilt mit Petra nicht nur die Leidenschaft fürs Lesen. Beide haben auch eine Schwäche für Kuchen. Petra hat das Rezept für Brotkuchen in der Kochbuchabteilung entdeckt und es gleich ausprobiert. Jetzt gibt es immer einen Kuchenvorrat unterm Ladentisch. Denn der Kuchen bleibt im Glas ein Vierteljahr lang frisch.

Brotkuchen im Glas

Zutaten für
4 Schraubgläser à 300 ml:
2 altbackene Brötchen
(oder 60 g Toastbrot
oder Baguette)
150–250 ml Milch
2 EL Honig
2 Eier
1 TL Ceylon-Zimt
200 g Zwetschgen
8 Walnusskerne
4 TL weiche Butter

Die Brötchen in Scheiben schneiden. Die Milch mit dem Honig, den Eiern und dem Zimt mit dem Schneebesen so lange rühren, bis sich der Honig gelöst hat. Die Hälfte davon über die Brotscheiben träufeln.

Die Zwetschgen waschen, entkernen und dabei vierteln. Die Nüsse knacken und grob hacken. Den Backofen auf 200 °C (Umluft 180 °C) vorheizen.

Die Schraubgläser mit der weichen Butter einpinseln. Jetzt abwechselnd Brötchen und Zwetschgen in die Gläser schichten. Sie sollten halbvoll sein, weil die Masse beim Backen noch aufgeht.

Dann mit dem Rest der Eiermilch so übergießen, dass sie den Kuchen jeweils knapp bedeckt. Zuletzt die gehackten Nüsse darüberstreuen.

Die Brotkuchen auf der mittleren Schiene des heißen Backofens etwa 20 Minuten backen. Ungefähr 10 Minuten vor Ende der Garzeit die Schraubdeckel im Ofen mit erhitzen.

Jetzt wird's heiß und kniffelig. Diesen Schritt übernimmt ein Erwachsener! Gläser und Deckel herausnehmen und die Gläser sofort verschließen. Dann sind sie nämlich sterilisiert wie eine Konserve. Am besten mit einem Topfhandschuh – die Gläser und Deckel sind sehr heiß!

Wenn das Brot schon sehr alt und trocken ist, braucht man natürlich etwas mehr Milch! Der Brotkuchen schmeckt auch mit anderen Obstsorten: mit Äpfeln, Birnen, Orangen, Rhabarber, Mirabellen, Banane, Ananas oder Mango. Man kann Kakaopulver in die Eiermilch geben oder Schokostückchen mit einschichten. Und natürlich kann man statt Honig auch Zucker nehmen.

So ein Brotkuchen ist auch ein schönes kleines Geschenk, wenn man zum Beispiel zum Essen eingeladen ist.

Den Deckel mit Papier oder einem hübschen Stoff und einem bunten Band zubinden und zum Schluss noch ein selbst gemaltes Etikett aufkleben. Fertig ist das ganz persönliche Mitbringsel.

Im Herbst gibt es so viel im Garten zu tun! Alle helfen mit. Zur Belohnung gibt es später für alle bei Andrea ein Stück Kuchen. Lene, die schon weiß, wie man Pizzateig macht, hilft Andrea beim süßen Hefeteig und freut sich schon auf ein großes Stück vom Zwetschgenkuchen mit Schlagsahne.

Obstkuchen

Zutaten für 1 Blech:
400 g Mehl Type 1050
+ Mehl zum Arbeiten
1 Päckchen Trockenhefe
1 Prise Salz
50 g Zucker
100 g Butter
ca. 200 ml Milch
1 kg Zwetschgen
oder Äpfel
Zimtzucker
zum Bestreuen

Das Mehl mit Trockenhefe, Salz und Zucker in einer großen Schüssel mischen. Die Butter in einem kleinen Topf vorsichtig schmelzen. Vom Herd nehmen und die Milch dazugeben. In die Schüssel geben, alles vermischen und den Teig kräftig kneten, bis er nicht mehr klebt. Abgedeckt an einem warmen Ort 35–40 Minuten gehen lassen, bis der Teig doppelt so hoch ist.

Inzwischen das Obst waschen. Die Zwetschgen so halbieren, dass sie noch an einer Seite zusammenhängen und dabei den Kern herausnehmen. Die Äpfel erst vierteln, das Kerngehäuse und den Stiel entfernen und die Viertel in 3–4 schmale Stücke schneiden.

Den Backofen auf 200 °C (Umluft 180 °C) vorheizen. Ein Backblech mit Backpapier auslegen. Arbeitsplatte und Hände gut einmehlen. Nun den Teig noch einmal durchkneten, mit einer Teigrolle auf Backblechgröße ausrollen und auf das mit Backpapier ausgelegte Blech legen. Mit den bemehlten Händen schön in die Ecken drücken. Das Obst wie Dachziegel auf den Boden legen. Je mehr man drauflegt, desto saftiger wird der Kuchen. Im heißen Ofen auf der mittleren Schiene ca. 25 Minuten backen.

Wenn der Kuchen fertig ist, nimmst du ihn heraus. Vermische etwas Zimtpulver mit Zucker und bestreue damit den Kuchen. Bei saurem Obst brauchst du mehr, bei süßem weniger. Am besten schmeckt der Kuchen mit Schlagsahne!

Vorsicht!
Wenn man süße Sahne zu lange schlägt, gibt es Butter im Rührbecher. Auf Seite 137 siehst du, wie man Butter selber herstellen kann.

Beim Sahneschlagen müssen Sahne, Rührbecher und Schneebesen richtig kalt sein. Am besten stellt man alles vorher kurz in den Kühlschrank. Wenn die Sahne anfängt, etwas fester zu werden, kann man etwas Vanillezucker oder Zucker zugeben und weiterschlagen, bis sie steif wird.

Wie man Vanillezucker selber machen kann, siehst du auf Seite 137.

Als Kind hat Susanne am liebsten Grießbrei mit Zucker und Zimt gegessen. Den mag sie auch heute noch. Vor allem, wenn sie mal wieder einen ihrer Hüte verloren hat oder traurig ist. Da hilft ein Teller Grießbrei mit Apfelmus immer.

Grießbrei

Zutaten für 4 Portionen:
800 ml Milch
100 g Vollkorngrieß
30 g Zucker
1 Prise Salz

Die Milch in einem Topf zum Kochen bringen. Den Grieß einrühren, kurz aufkochen lassen und bei schwacher Hitze unter Rühren 3–5 Minuten ausquellen lassen. Vorsicht, dass er nicht anbrennt! Den Zucker und 1 Prise Salz dazugeben und verrühren.

In den fertigen Grießbrei kann man je nach Geschmack auch noch ein Ei, eine Prise Vanille oder Zimt einrühren. Schokofans lassen ein paar Schokoladenreste oder 1 EL dunkles Kakaopulver – oder beides – in der heißen Milch schmelzen, bevor der Grieß dazukommt. Mit Schlagsahne, Kompott oder Obstsalat ist kalter Grießbrei auch ein wunderbarer Nachtisch.

Dazu passt das Apfelmus von Seite 116.

Polenta

Milch und Gemüsebrühe in einem Topf zum Kochen bringen, den Polentagrieß unter Rühren einrieseln lassen und bei geringer Hitze ca. 5 Minuten ausquellen lassen.

50 g vom Käse und die Butter unterheben. Die Polenta soll wie Kartoffelbrei noch ein wenig flüssig sein. Den Brei mit dem restlichen Parmesan bestreuen.

Zutaten für 4 Portionen:
250 ml Milch
750 ml Gemüsebrühe
250 g Polenta
60 g geriebener Parmesan
25 g Butter

Gebratene Polenta

Italiener essen Polenta gerne gebraten. Dazu kocht man den Brei einfach ohne die Milch und streicht ihn auf einem Backblech glatt. Der Brei wird beim Erkalten so fest, dass man ihn in Streifen schneiden und in einer Pfanne mit etwas Öl von beiden Seiten knusprig braun braten kann.

Dazu passen in Butter angebratene Salbeiblätter, Spiegeleier, Tomatensauce oder Salat.
Statt Parmesan schmeckt auch Kräuterfrischkäse toll.

Grieß wird wie Mehl aus Getreidekörnern gemahlen, ist aber viel gröber. Es gibt ihn zum Beispiel aus Weizen, Hirse, Hafer oder Dinkel. Der Grieß aus Maiskörnern heißt Polenta.

WINTER

Der Kirschbaum schläft jetzt fest und tief
und Schnee bedeckt die Zweige.
Das Vogelhäuschen hängt ganz schief,
das Jahr geht schon zur Neige.

Der Nikolaus fährt durch die Stadt,
im Kaufhaus herrscht Gedrängel,
am Bahnhof streikt der Automat,
da hilft kein Weihnachtsengel.

Und der Streit ums Festagsessen:
Gibt es Braten oder Fisch?
Heiligabend schon vergessen!
Friedlich sitzt man um den Tisch.

Und draußen rieselt leis der Schnee,
der Baum ist schön und bunt,
zum Nachtisch gibt es Punsch und Tee –
und Knochen für den Hund!

Vorsicht mit Salz, wenn die Brühe aus Würfeln und Pulver gemacht wird! Fürs Risotto lieber mit etwas mehr Wasser ansetzen, weil es sonst leicht zu salzig wird. Wenn du aber die Gemüsebrühe selber kochst, kannst du noch nachsalzen.

Risotto kann man, genau wie Nudelgerichte, auf viele Arten kochen. Im Herbst zum Beispiel mit Kürbis oder Pilzen, im Sommer mit Tomaten und im Frühling mit Kräutern. Im Winter mögen Karlchen und Irma Risotto am liebsten mit Lauch. Den gibt es bei Irma immer noch im Garten, obwohl es schon ganz schön kalt ist.

Risotto

Den Lauch von Wurzeln und Welkem befreien, also nur die äußersten Blätter abschälen und nur die oberen Enden abschneiden. Stangen längs halbieren und sehr gründlich waschen. Dann in feine Scheiben schneiden.

Die Gemüsebrühe aufkochen. Öl in einem großen Topf erhitzen, Schinkenwürfel oder Walnüsse und Reis zufügen und kurz andünsten. Dann den Lauch zugeben und etwa 2 Minuten mitdünsten.

100 ml Brühe in den Topf geben. Die Flüssigkeit einkochen lassen. Dann weitere 200 ml Gemüsebrühe zufügen und alles offen bei kleiner Hitze ca. 10 Minuten köcheln lassen, bis die Flüssigkeit vom Reis aufgesogen ist. Das Rühren nicht vergessen! Nach und nach die Brühe zugießen, bis sie aufgebraucht ist.

Wenn das Risotto cremig wird, ist es fertig. Jetzt den Schmand unterrühren. Etwas Muskatnuss in den Reis reiben und mit Pfeffer und Pul Biber würzen. Vor dem Servieren mit Reibekäse bestreuen.

Zutaten für 4 Portionen:
2 Lauchstangen
700 ml Gemüsebrühe
2 EL Rapsöl
50 g Schinkenwürfel oder gehackte Walnusskerne
200 g Risottoreis oder Milchreis
2 EL Schmand
Muskatnuss, Pfeffer
1 TL Pul Biber
50 g Reibekäse, z. B. Parmesan

Wie man Gemüsebrühe selber kocht, siehst du auf Seite 136.

Nicht nur, weil Lene selber einen schönen langen Zopf hat, mag sie das Märchen von Rapunzel. Sie mag auch den Salat, der im Winter sogar im Freien wächst und viele schöne Namen hat, je nachdem wo er herkommt: Feldsalat, Sonnenwirbele, Vogerlsalat, Ackersalat, Nüssli- oder Mausohrsalat.

Rapunzelsalat mit Pastinaken und Croutons

Zutaten für 4 Portionen:
200 g Feldsalat
200 g Pastinaken, Karotten oder Topinambur
3 EL Apfelsaft
1 EL Senf
3 EL Rapsöl
1–2 EL Essig
Salz, Pfeffer
1–2 Scheiben trockenes Brot
1–2 EL Butter oder Öl

Den Feldsalat gründlich waschen, bis er keine Erde und keinen Sand mehr enthält. Dann abtropfen lassen, welke Blätter entfernen und die kleinen Wurzeln abknipsen.

Die Pastinaken waschen, mit einem Sparschäler schälen und mit einem Küchenhobel in feine Scheiben hobeln oder fein raspeln. Mit dem Apfelsaft mischen.

Aus Senf, Öl, Essig, Salz und Pfeffer eine Salatsauce machen, mit den Pastinaken mischen.

Das Brot in kleine Würfel schneiden. In einer kleinen Pfanne Butter erhitzen und die Würfel darin knusprig braun braten. Diese Brotwürfel nennt man Croutons.

Feldsalat mit Pastinaken und Sauce mischen, in eine Schale füllen und mit Croutons bestreuen.

Der Rapunzelsalat schmeckt auch mit gehackten und gerösteten Walnüssen – mit oder ohne Croutons, oder mit gewürfeltem und knusprig gebratenem Frühstücksspeck.

Bunte Wurzelknusperchen

Topinambur, Pastinaken und Rote Bete waschen und schälen. Das Gemüse auf dem Gemüsehobel in sehr dünne Scheiben schneiden.

Den Backofen auf 220 °C (200 °C Umluft) vorheizen. Zwei Backbleche mit Backpapier auslegen und mit dem Öl einpinseln.

Die Gemüsescheiben darauf verteilen. Achte darauf, dass nichts übereinanderliegt. Im heißen Ofen (Mitte) 10–15 Minuten backen. Die Chips nach Belieben salzen und etwas abkühlen lassen.

Zutaten für 4 Portionen:
150 g Topinambur
150 g Pastinaken
150 g Rote Bete
1–2 EL Öl
Salz

Die knusprigen Chips kannst du auch aus Petersilienwurzeln, Karotten, Kartoffeln oder Kürbis machen.

Wenn deine Hände von der Roten Bete lila gefärbt sind, am besten in einer ausgepressten Zitronenschale „waschen" – dann sind sie wieder supersauber.

Du kannst sie würzen: mit mildem Paprikapulver, mit Currypulver, mit scharfem Chilipfeffer oder nimm Kräutersalz statt Salz.

Pastinakenwurzel und Pflanze

Topinamburpflanze und Knolle

Rapunzelsalat immer besonders gründlich waschen! Und wie man ihn trocken schleudern kann, siehst du auf Seite 133.

Von der Linsensuppe kochen Tanja und Linus immer gleich ein bisschen mehr. Man kann sie gut aufwärmen, wenn man mittags nach Hause kommt und es mal wieder schnell gehen soll. Linus ist nämlich mit Petra zum Schlittenfahren verabredet.

Linsensuppe mit Würstchen

Zutaten für 4 Portionen:

1 Bund Suppengrün (Sellerie, Karotte, Lauch, Petersilie)
1 Zwiebel
2 EL Öl
1 TL Currypulver
1 EL Tomatenmark
150 g Berglinsen
200 g Cabanossi
Salz, Pfeffer
2 EL Balsamico-Essig

Das Suppengrün gründlich waschen. Selleriestück, Karotte und Zwiebel schälen, putzen und in grobe Würfel schneiden. Den Lauch von Wurzel und welken Blättern befreien, aufschlitzen und noch mal sehr gründlich waschen. Längs in Streifen und quer in Scheiben schneiden. Petersilienblätter abzupfen, hacken und beiseitelegen.

Das Öl in einem Topf erhitzen, Curry, Tomatenmark und das Gemüse anschmoren und dabei umrühren. Wenn es beginnt anzusetzen, 800 ml Wasser und danach die Linsen zugeben und alles zum Kochen bringen. Zugedeckt etwa 20 Minuten bei niedriger Hitze garen.

Inzwischen die Cabanossi in dünne Scheiben schneiden. Dann in die Suppe geben, mit Salz und Pfeffer würzen und weitere 5–10 Minuten ganz leise kochen lassen. Wenn die Suppe etwas flüssiger werden soll, noch 200 ml Wasser hinzugießen. Mit Balsamico-Essig, Petersilie, Salz und Pfeffer abschmecken.

Regenrohr ganz ohne Wasser?

In die Rolle werden von außen, über die ganze Länge, Nägel eingeschlagen. Eine Seite gut verschließen und die Linsen einfüllen. Jetzt auch die andere Seite der Rolle zukleben, alles mit einem schönen Papier verkleben oder bemalen. Dreht man die Rolle hin und her, klingt es wie Regen.

Zutaten:
1 lange Papprolle
1 Handvoll Linsen
Hammer, Nägel, Klebstoff,
buntes Papier, Farben

Linsen gibt es in vielen Sorten und Farben: rote, schwarze, gelbe, grüne und braune. Manche brauchen länger, andere sind ganz schnell gar. Aber nur, wenn man Salz und Essig erst zum Schluss dazugibt. Sonst bleiben sie hart. Das gilt übrigens auch für alle anderen getrockneten Hülsenfrüchte, wie Erbsen und Bohnen. Die muss man allerdings über Nacht einweichen, wenn man sie kochen will.

Alle Kinder lieben Nudeln. Die Butterrübchen sind in Irmas Garten gewachsen, das milde Currypulver und das Rezept kommen wie Santosh aus Indien. Es schmeckt allen so gut, dass Silvia das gleiche Rezept demnächst auch mal mit anderen Gemüsen ausprobieren möchte.

Curry-Rübchen

Zutaten für 4 Portionen:
Salz, Pfeffer
200 g kleine Nudeln (z. B. Hörnchen, Muscheln oder Schleifen)
800 g Butterrübchen
1 Bund Petersilie
2 EL Rapsöl
3–4 EL Sesamsamen
1–2 TL mildes Currypulver
1–2 EL Zitronensaft
150 ml süße Sahne

In einem großen Topf etwa 3 l Wasser mit 2 TL Salz zum Kochen bringen. Die Nudeln hineingeben, aufkochen und bei kleiner Hitze in 12–15 Minuten (Zeitangabe auf der Packung) kochen. Wenn sie gar sind, etwas Nudelwasser abschöpfen und die Nudeln in einem Sieb abtropfen lassen.

Inzwischen die Rübchen waschen, mit dem Kippschäler schälen und mit einem großen Gemüsemesser auf einem Brett in etwa 1 cm große Würfel schneiden.

Die Petersilie ebenfalls waschen, trocken schütteln und die Blättchen von den Stielen zupfen. Die Blätter mit dem Wiegemesser oder dem Blitzhacker fein hacken.

Das Öl in einer Pfanne erhitzen und die Sesamsamen mit dem Curry anrösten. Dann die Rübchen darin kurz andünsten. Kräftig mit Salz, Pfeffer und Zitronensaft würzen und zugedeckt etwa 10 Minuten dünsten. Bei Bedarf etwas Nudelwasser zugießen.

Sind die Rübchen gar, die Sahne dazugießen und alles einmal aufkochen lassen. Die abgetropften Nudeln unterheben und alles mit der gehackten Petersilie bestreuen.

Das Rezept schmeckt auch mit Karotten, Hokkaido-Kürbis, Pastinaken, Steckrüben oder Süßkartoffeln. Und statt Sesam kann man auch andere Nüsse oder Kerne rösten.

Wenn der erste Schnee fällt, bekommt Tom immer Heimweh nach Amerika. Er wünscht sich von Susanne ein Brathähnchen auf amerikanische Art als Weihnachtsessen. Mit Pekannüssen, Süßkartoffeln und Cranberries. Gut, dass es das alles im Obst- und Gemüseladen am Marktplatz gibt.

Brathähnchen mit Süßkartoffelpüree

Zutaten für 4 Portionen:

1 Hähnchen (küchenfertig, ca. 1 kg)
Salz, Pfeffer
geriebene Muskatnuss
Pimentpulver
1 Zwiebel
1 großer Apfel
ca. 6 Pekan- oder Walnusskerne
ca. 6 Trockenpflaumen oder 12 Cranberries
600 g Süßkartoffeln
2 EL Butter

Das Hähnchen von den Innereien – wenn vorhanden – befreien. Dann waschen und mit Küchenpapier trocken tupfen. Etwas Salz, Pfeffer, Muskat und Piment in einer Schüssel verrühren und das Hähnchen von innen und außen damit gründlich einreiben.

Die Zwiebel schälen, halbieren und grob hacken. Den Apfel waschen, halbieren, entkernen und in Spalten schneiden, jede Spalte halbieren. Die Nüsse grob hacken, Pflaumen halbieren. Alles mischen, ein wenig mit der Salzmischung würzen und das Hähnchen damit füllen. Mit Holzspießchen die Öffnung verschließen.

Den Ofen auf 180 °C (Umluft 160 °C) vorheizen. Das Hähnchen mit der Brust nach unten in eine feuerfeste Form legen. Jetzt 70 Minuten auf der mittleren Schiene braten und nach etwa 30 Minuten wenden. Vorsicht, heiß! Lass dir dabei helfen!

In der Zwischenzeit die Süßkartoffeln waschen, schälen und grob würfeln. In wenig Wasser mit etwas Salz 20–25 Minuten garen. Wenn nötig, noch etwas Wasser zugeben. Sind die Süßkartoffeln gar, mit einem Pürierstab von einem Erwachsenen fein pürieren lassen. Mit Butter, Salz, Pfeffer und Muskatnuss abschmecken.

Die Füllung aus dem Hähnchen löffeln und in eine Schale geben. Mit dem Püree und dem Braten auf den Tisch stellen.

Süßkartoffeln sind Wurzeln einer Pflanze, die auch Knollenwinde heißt. Sie kann klettern, kommt ursprünglich aus Mittelamerika und ist mit unseren normalen Kartoffeln nicht verwandt.

Süßkartoffeln kann man pürieren, genau wie andere Gemüsearten. Zum Beispiel Karotten oder Kürbis. Normale Kartoffeln aber darf man für den Kartoffelbrei nur stampfen oder durch eine Presse drücken. Sonst wird er klebrig wie Kleister und schmeckt nicht mehr.

Kleister selbst gemacht

Weil in der normalen Kartoffel wertvolle Stärke ist, kann man Kleister aus ihr machen. Dazu schälst und reibst du eine rohe Kartoffel und fängst den Saft durch ein Sieb auf. Den Saft in einem Topf erhitzen und fertig ist der Kleister! Der eignet sich tatsächlich als Klebstoff.

Vom Weihnachtsbraten ist einiges übrig geblieben, weil Tom schon beim Kochen dauernd genascht hat. Susanne macht am nächsten Tag aus den Resten eine tolle Suppe. Die schmeckt nach einem langen Spaziergang im Schnee besonders gut.

Hähnchen-Restesuppe

Zutaten:
das abgelöste Gerippe des Bratens
Hühnerhals
Innereien
geputztes und geschältes Suppengemüse
2 geschälte Kartoffeln
1 Lorbeerblatt
Salz, Pfeffer
Schmand

Knochen, Hals, Herz, Magen, Gemüse und Lorbeer in 1 l Wasser 1 Stunde kochen. Knochen, Hals und Lorbeer herausnehmen, den Topfinhalt pürieren. Dann die Leber hineinlegen und etwa 5 Minuten gar kochen. Das Fleisch vom Hals ablösen und ebenfalls hineingeben. Die Suppe mit Gewürzen und ein bisschen Schmand abschmecken.

Die Innereien sind oft mit dem Hals im Hähnchen verpackt. Du kannst sie mit einer fein gehackten Zwiebel in Butter kurz anbraten, salzen, pfeffern und auf einem Toastbrot essen.

Endlich ist der See zugefroren und Ina und Jonas können Schlittschuh laufen. Den Punsch nehmen sie in der großen Thermoskanne mit, dann reicht er auch noch für Linus und Petra, die mit ihrem Schlitten nachkommen. Lene und Thomas basteln so lange Weihnachts-Duftgeschenke und trinken ihren Punsch gemütlich zu Hause.

Kinderpunsch

Den Rotbuschtee, Nelke, Zimt und Süßholz mit dem Wasser übergießen. Den Tee 5 Minuten ziehen lassen.

Inzwischen den Saft erhitzen. Die Zitrone waschen, in dünne Scheiben schneiden und im Saft heiß werden lassen.

Jetzt den Tee durch ein Sieb zum Saft gießen. Eventuell mit Honig oder Orangenzucker nachsüßen.

Zutaten für 4 Portionen:
1 EL Rotbuschtee
(oder 1 Teebeutel)
1 Gewürznelke
1 Zimtstange (Ceylon-Zimt)
1 Stückchen Süßholz
¾ l kochendes Wasser
¼ l Apfelsaft
1 unbehandelte Zitrone

Gewürzorangen mit Nelken

Duftschale mit Gewürzen

Orangen-Windlicht mit Nelken

Zutaten für Duftgeschenke:
Glasschale,
Orangen, Zitronen,
Gewürznelken, Zimtstangen, Sternanis,
rote Beeren, Teelicht

Fred und Carlos haben die gleiche Lieblingsspeise: Schnitzel! Aber Carlos mag sein Schnitzel am liebsten knusprig, Fred seines lieber mit Sauce. So ein Rahmschnitzel geht schnell und ist einfach in der Zubereitung.

Rahmschnitzel

Zutaten für 4 Portionen:

400 g Schweine- oder Kalbsschnitzel
Salz, Pfeffer
mildes Paprikapulver
1–2 EL Mehl
2 EL Butter
100 ml süße Sahne
Sojasauce

Die Schnitzel mit der flachen Seite des Fleischklopfers oder einem kleinen Stieltopf flach klopfen und in kleine Schnitzel teilen. Das Fleisch ganz leicht mit Salz, Pfeffer und Paprikapulver würzen und mit Mehl von beiden Seiten bestäuben.

Die Butter in einer großen beschichteten Pfanne erhitzen. Die Schnitzelchen hineinlegen und von jeder Seite knapp 2 Minuten anbraten.

Dann kommt die Sahne dazu, einen Deckel auflegen und alles noch 3–4 Minuten bei kleiner Hitze ziehen lassen. Eventuell noch etwas Wasser dazugeben und mit Sojasauce abschmecken. Fertig.

Zu Rahmschnitzeln passt alles, was Sauce braucht: Nudeln, Reis, Salzkartoffeln, aber auch Püree.

Rezepte für Ofenkartoffeln Seite 75, Kartoffelsalat Seite 52, Püree Seite 58, Salzkartoffeln Seite 135.

Das Knusperschnitzel macht ein bisschen mehr Arbeit. Dazu passt alles, was keine Sauce braucht: Bratkartoffeln oder Ofenkartoffeln.
Und man kann es auch gut kalt essen, zum Beispiel mit Kartoffelsalat oder auf Brot.

Knusperschnitzel

Zutaten für 4 Portionen:
300 g Hühnerbrustfilet
Salz, Pfeffer
3–4 EL Mehl
1 Ei
1–2 EL Milch
6 EL Semmelbrösel
Öl zum Braten

Die Hühnerbrüstchen sind ein bisschen zu dick. Am besten mit der flachen Seite des Fleischklopfers oder mit einem kleinen Stieltopf gleichmäßig flach klopfen und in kleine Schnitzel teilen. Rundherum salzen und pfeffern und in Mehl wenden. Nebeneinander auf ein Brett legen.

Das Ei auf einem Suppenteller aufschlagen und mit der Milch verquirlen – bei einem kleinen Ei 1 EL Milch nehmen. In einen zweiten Suppenteller 2 EL Semmelbrösel geben.

Nun die kleinen Schnitzel mit einer Gabel erst im Ei wenden, kurz an der Gabel abtropfen lassen und danach in den Semmelbrösel-Teller legen. Mit den übrigen Bröseln bestreuen, wenden und die Brösel rundherum ganz fest andrücken. Etwas Öl in eine große beschichtete Pfanne geben – der Boden sollte gut bedeckt sein – und erhitzen. Die Schnitzelchen von jeder Seite 4–5 Minuten bei mittlerer Hitze goldbraun braten.

Wenn vom Ei etwas übrig ist: hinein in die Pfanne! Schmeckt prima auf Brot.

Manfred ist so vergesslich, dass er manchmal sogar die Zeit vergisst. Wenn es dann mal wieder zum Einkaufen zu spät ist, findet er in seiner Küche zum Glück immer noch alle Zutaten für sein Lieblingsgericht. Das Rezept hat er von seiner Oma gelernt. Die hat ihm schon als Kind beigebracht, wie man Milchreis kocht.

Milchreis mit Zimtzucker

Zutaten für 4 Portionen:

200 g Milchreis
500 ml Milch
1 Prise Salz
1 Stück Vanilleschote
100 ml süße Sahne
3 EL Zucker
1 TL Ceylon-Zimt

200 ml Wasser mit dem Reis in einem Topf zum Kochen bringen. Dann die Milch zugießen, mit 1 Prise Salz und der Vanilleschote würzen und den Reis bei kleiner Hitze zugedeckt ca. 20 Minuten fast weich kochen. Alle 5 Minuten umrühren.

Wenn der Reis die Flüssigkeit aufgesaugt hat, die Sahne und 1 EL Zucker unterrühren. Den Reis vom Herd nehmen und 10 Minuten nachziehen lassen.

Die Vanilleschote entfernen, den Reis in eine Schüssel geben und mit Zimtzucker bestreuen. Schmeckt warm oder kalt – am besten mit Kompott.

Dazu passen auch gebrannte Mandeln. *Wie man sie macht, siehst du auf Seite 117.*

Müsli-Bratapfel

Den Backofen auf 190 °C vorheizen (bei Umluft 170 °C). Die Äpfel gründlich waschen und das Kerngehäuse mit einem Ausstecher entfernen. Das Müsli mit dem Johannisbeergelee und Zimt in einer kleinen Schüssel verrühren.

Jetzt die Äpfel eng in eine Auflaufform hineinsetzen und mit dem Müsli-Mix füllen. Im heißen Backofen auf der mittleren Schiene ca. 35 Minuten backen. Vor dem Essen etwas abkühlen lassen.

Zutaten für 4 Portionen:
4 kleine Äpfel
4 EL Nussmüsli (wahlweise auch Haferflocken, klein gehackte Nüsse oder Mandeln)
4 TL Johannisbeergelee (oder eine andere, am besten nicht zu süße Marmelade)
½ TL Ceylon-Zimt

Auf dem Land kann man manchmal noch wunderbare alte und seltene Apfelsorten finden:

Ananasrenette

Himbeer-Apfel

Goldrenette

Neuer Berner Rosenapfel

In der Adventszeit riecht es bei uns in der ganzen Wohnung nach Bratäpfeln. Dafür nehme ich am liebsten die Äpfel aus dem Keller, die schon ein bisschen schrumpelig sind. Aus dem Rest machen Linus und Lene Apfelmus.

Wie man Apfelmus ganz einfach selber machen kann, steht auf der nächsten Seite.

So ein Müsli-Bratapfel ist in der Mikrowelle bei 450 Watt schon nach 5 Minuten fertig. Aber Vorsicht, dass er dabei nicht platzt!

Lene und Linus sind Apfelmus-Spezialisten. Heute kochen sie es auf Vorrat, denn morgen hat Jonas Geburtstag und da gibt es eine Waffelparty. Das Apfelmus füllen sie in Schraubgläser, für die sie beide schon besonders schöne Aufkleber gemalt haben. Ein tolles Geschenk!

Apfelmus

Zutaten für 4 Portionen:
800 g Äpfel
1 Zimtstange (Ceylon-Zimt)
1 Tasse Apfelsaft

Die Äpfel gut waschen und mit Schale, Stiel und Kerngehäuse in grobe Stücke schneiden. Mit der Zimtstange in einen Topf geben und Apfelsaft und eine Tasse Wasser zufügen. Alles aufkochen und mit Deckel etwa 30 Minuten kochen, bis die Äpfel weich sind. Das dauert je nach Apfelsorte mal etwas länger, mal etwas kürzer. Zwischendurch immer mal wieder umrühren und nachschauen, ob genug Flüssigkeit im Topf ist. Falls nicht, etwas Wasser nachgießen.

Wenn die Äpfel ganz weich sind, die Zimtstange herausfischen. Die Äpfel durch eine Flotte Lotte drehen oder durch ein Sieb streichen.

Aus Apfelmus kann man einen tollen Nachtisch machen. Er heißt Apfelschnee. Dazu einen Becher Schlagsahne mit dem Handrührgerät aufschlagen und vorsichtig unter das kalte Apfelmus ziehen. In Portionsschälchen füllen und mit Mandelblättchen dekorieren.

Gebrannte Mandeln

Zutaten für 10 Portionen:
2 EL Butter
3 EL Honig
1 Prise Salz
200 g ganze Mandeln mit Haut
1 TL Öl

Den Backofen auf 150 °C (Umluft 130 °C) vorheizen. Die Butter in einem Topf schmelzen. Honig und Salz zugeben und verrühren, bis sich alles aufgelöst hat. Jetzt die Mandeln zugeben, rühren, bis alle Mandeln etwas von der Flüssigkeit abbekommen haben. Den Topf vom Herd ziehen.

Ein Backblech mit Alufolie auslegen. Die Alufolie mit dem Öl einpinseln, dann die Mandeln darauf verteilen und in den Ofen schieben. Etwa 20 Minuten backen, bis die Mandeln leicht braun werden. Zwischendurch einmal mit einem Pfannenwender durchrühren und die Mandeln drehen. Die Alufolie mit den Mandeln vom Blech auf ein Kuchengitter ziehen und abkühlen lassen.

Danach am besten in einer gut verschlossenen Dose aufbewahren. So bleiben die Mandeln schön knusprig.

Variante: Natürlich kannst du statt Mandeln auch andere Nüsse oder Kerne nehmen. Mit einer Messerspitze Zimt schmecken die Mandeln ein bisschen nach Weihnachten.

Achtung:
Honig wird sehr heiß, deshalb solltest du die Mandeln auf jeden Fall erst abkühlen lassen, bevor du sie anfasst.

Popcorn

Zutaten für 10 Portionen:
1 EL Öl
100 g Popcornmais
Puderzucker

In einer tiefen und breiten Pfanne mit Deckel das Öl erwärmen. Die Popcornkörner dazugeben und den Deckel auflegen.

Nach einem kurzen Moment kannst du hören, wie die Körner aufplatzen. Jetzt auf keinen Fall den Deckel abnehmen, sonst springen die Körner auf den Boden. Zwischendurch an der Pfanne rütteln.

Warte, bis das Geräusch aufhört, dann ist das Popcorn fertig. Nur noch in eine Schüssel umfüllen und mit Puderzucker bestäuben.

Du kannst statt Puderzucker auch etwas Salz über das Popcorn streuen.

Jonas hat heute zu seinem Geburtstag ein Waffeleisen geschenkt bekommen. Zur Waffelparty am Nachmittag kommen Lene, Ina, Linus, Peter und Struppi. Jonas kennt das Teigrezept fast auswendig. Waffeln hat er schon oft selber gemacht.

Apfel-Nuss-Waffeln

Zutaten für 7–8 Waffeln:
100 g weiche Butter
3–4 EL Honig
2 Eier
1 Msp. Backpulver
Salz
200 g Mehl Type 1050
100 g gemahlene Hasel- oder Walnusskerne
ca. 200 ml Apfelsaft
1 Apfel
Öl für das Waffeleisen
Puderzucker zum Bestäuben

Die Butter mit dem Honig schaumig schlagen und die Eier unterrühren. Backpulver und 1 Prise Salz mit dem Mehl und den Nüssen vermischen.
Die Mehlmischung samt Apfelsaft abwechselnd unter die Butter-Ei-Masse rühren. Jetzt muss der Teig ca. 10 Minuten quellen. In der Zwischenzeit den Apfel waschen und auf einer groben Reibe mit der Schale bis aufs Kerngehäuse raspeln und ebenfalls unter den Teig rühren. Er sollte dickflüssig sein – evtl. noch etwas Saft zugeben.

Das Waffeleisen gut vorheizen und die Backflächen mit etwas Öl einpinseln. Jetzt portionsweise 3–4 EL Waffelteig in die Mitte des Waffeleisens geben und den Deckel langsam schließen und fest andrücken. Nach

3–5 Minuten sind die Waffeln goldgelb ausgebacken. Herausnehmen und mit Puderzucker bestäuben. So viele Waffeln backen, bis der Teig verbraucht ist.

Wie du Eier trennst, kannst du auf Seite 132 nachlesen.

Saure Orangen-Waffeln

Zutaten für 5 Waffeln:
2 Eier
3 EL Honig
50 g weiche Butter
100 g Magerquark
Salz
2 unbehandelte Orangen
150 g zarte Haferflocken
Öl für das Waffeleisen
Puderzucker zum Bestäuben

Die Eier aufschlagen und das Eiweiß vom Eigelb trennen. Das Eigelb mit dem Honig und der Butter schaumig rühren. Quark und eine Prise Salz unterrühren.

Die Orangen waschen und die Schale oberflächlich abreiben. Den Saft auspressen. 150 ml Saft abmessen und zusammen mit den Schalenraspeln im Wechsel mit den Haferflocken nach und nach unter die Ei-Quark-Masse rühren.

Den Teig ca. 10 Minuten quellen lassen. In der Zwischenzeit das Eiweiß zu Eischnee schlagen und vorsichtig unter den übrigen Teig heben. Das Waffeleisen vorheizen und die Backflächen mit wenig Öl einpinseln. Je 3–4 EL Teig in die Mitte des Waffeleisens geben und die Waffeln 3–5 Minuten backen. Herausnehmen und mit Puderzucker bestäuben.

Du kannst auch einen anderen Saft, zum Beispiel Maracujasaft, Milch oder Joghurt nehmen und mit Vanillezucker statt mit Honig süßen. Lene isst Waffeln am liebsten mit Schlagsahne, Ina mit Quarkcreme (siehe Seite 34) und Peter mit Zimt und Zucker. Ich mag sie auch gerne mit meiner Lieblingsmarmelade.

Wenn Waffeln übrig bleiben, kannst du sie im Toaster fix aufbacken!

Wenn Yvonne auf der Bühne steht und ein Konzert gibt, hat sie oft Lampenfieber. Da hilft eine kleine Zwischenmahlzeit mit Bananenbrot. Das beruhigt die Nerven und macht gute Laune. So ein Bananenbrot schmeckt warm und kalt und bleibt mindestens eine Woche frisch.

Bananenbrot

Zutaten für 1 Kastenbrot (ca. 19 Scheiben):

300 g Mehl Type 1050
2 TL Backpulver (ca. 15 g)
2 EL Kakaopulver (dunkles)
½ TL Salz
Muskatnuss
150 g Walnusskerne
500 g reife Bananen
ca. 1 g Vanillemark
140 g Butter oder Margarine
125 g Rohrzucker
1 Ei

Das Mehl mit Backpulver, Kakao, Salz und einer Prise Muskatnuss zusammensieben. Die Walnüsse fein hacken und zu der Mehlmischung geben.

Die Bananen schälen, in kleine Stücke schneiden und in einer Schüssel mit einem Pürierstab von einem Erwachsenen pürieren lassen, oder mit einer Gabel zu einem feinen Brei zerdrücken. Vanillemark aus der Schote kratzen, unterrühren und alles beiseitestellen.

Butter oder Margarine mit dem Zucker in einer Schüssel mit einem Handmixer schaumig rühren, bis die Mischung locker und flockig ist. Das Ei hinzugeben und abwechselnd das Bananenpüree und die Mehlmischung mit einem Löffel unterziehen.

Den Backofen auf 175 °C (Umluft 155 °C) vorheizen. Die Form fetten. Den Teig in die Kastenform einfüllen. Auf der mittleren Schiene des Ofens 50–60 Minuten backen, bis an einem Holzstäbchen beim Hineinstechen kein Teig mehr kleben bleibt.

Das fertige Brot aus dem Ofen nehmen, 5 Minuten abkühlen lassen und anschließend stürzen.

Mehr über Vanillemark und Orangenzucker kannst du auf Seite 137 nachlesen.

Die Datteln, die Oliver in die Quarkspeise schneidet, hat er von seiner letzten Reise aus der Türkei mitgebracht. Er isst sie gerne auch einfach so, aber am besten schmecken sie ihm mit Quark oder Joghurt.

Dattelquarkcreme

Zutaten für 4 Portionen:
10–12 Datteln (möglichst saftig)
2 unbehandelte Orangen
500 g Magerquark (oder griechischer Joghurt)
2–3 EL Zucker oder Orangenzucker
1 Prise Kardamom
100 ml süße Sahne (bei griechischem Joghurt weglassen)

Die Datteln längs aufschneiden und entkernen. In lange Streifen und dann quer in Würfel schneiden.

Von einer Orange die Schale ganz oberflächlich abreiben – dabei nicht die weiße Schale mitnehmen, denn sie schmeckt bitter. Dann beide Orangen bis aufs Fruchtfleisch schälen, halbieren und die weißen Fasern und Teile im Innern entfernen. Die Orangenhälften auf ein Brettchen legen, halbieren und quer in dünne Scheiben schneiden. Den Saft dabei auffangen.

Quark, Orangensaft und -schale, Zucker und Kardamom cremig rühren. Die Sahne steif schlagen und unter die Quarkmischung ziehen.

Jetzt die Datteln und die Orangenstückchen zugeben und alles miteinander verrühren.

Kochbuch selbst gemacht

(a)

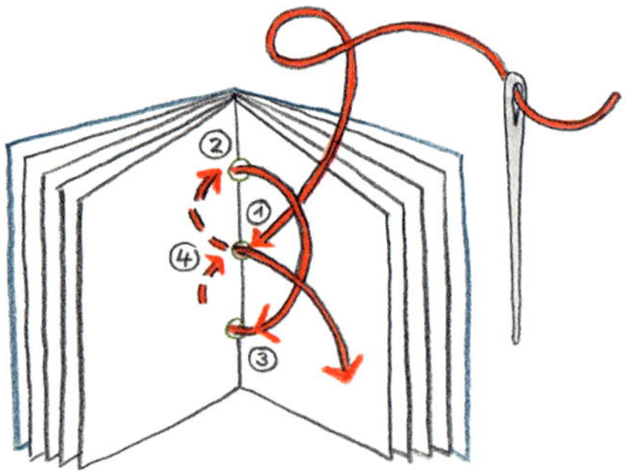

(b)

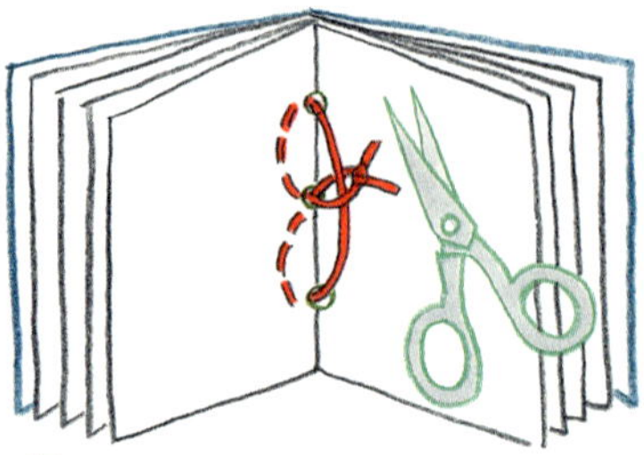

(c)

(d)

Zu Weihnachten schenke ich meinem Freund Tom ein ganz persönliches Kochbuch, in das ich alle meine Lieblingsrezepte schreibe und zeichne. Wie das geht, seht ihr hier.

Man nimmt so viele Seiten, wie man möchte, und faltet sie wie abgebildet zusammen (a). Für den Einband eignet sich ein kräftigeres Papier oder eine dünne Pappe in der gleichen Größe. Dieser Einband wird, genau wie die anderen Blätter, in der Mitte gefaltet, dann beschriftet und bemalt.

Mit Nadel und Faden alles zusammennähen, wie hier gezeigt (b + c). Zum Schutz vor Nässe und Flecken kann man das Rezeptbuch zum Schluss noch in eine durchsichtige Folie einschlagen (d).

Zutaten

Mehl

Meistens backen wir mit Weizenmehl. Das wird durch die Mehltype gekennzeichnet. Im Mehl Type 1050 steckt ein Teil der wertvollen Randschichten des Getreidekorns mit drin. Das Mehl ist deshalb etwas dunkler und enthält mehr Mineralstoffe als das normale Mehl Type 405. Da sich Mehl Type 1050 genauso gut verarbeiten lässt, ist es eine gesunde Alternative.
Du kannst auch Dinkelmehl Type 1050 nehmen. Natürlich kann man für alle Rezepte auch „weißes" Mehl verwenden. Dann braucht man etwas weniger Flüssigkeit. Vollkornmehl hat übrigens die Type 1700.

Öl

Öl enthält im Gegensatz zu Butter viele einfach und mehrfach ungesättigte Fettsäuren, die uns guttun. Doch zwischen den Ölen gibt es Unterschiede.

Rapsöl hat eine ideale Zusammensetzung, lässt sich erhitzen und hat einen neutralen Geschmack. Deshalb ist es unser Standardöl.

Auch Walnuss- und Sojaöl sind ziemlich gut zusammengesetzt. Ergänzen kann man diese Öle gut mit Olivenöl, gerade bei Salaten.

Zucker

Zucker ist kein Gift – aber es gibt keinen „gesunden" Zucker. Er enthält nur Kohlenhydrate, aber keine wertvollen weiteren Nährstoffe. Deshalb spricht man von leeren Kalorien. In kleinen Mengen ist Zucker o.k. Aber wer viel Zuckriges isst und trinkt, bekommt nicht nur schlechte Zähne – er wird auch immer hungriger. Und weil wir süß nun einmal mögen, wird's dann oft zu viel. Eine kleine Hilfe sind da kalorienfreie Süßungsmittel wie Stevia. Stevia ist ein Kraut aus Südamerika, das stark süß schmeckt und ein bisschen nach Lakritz. Es hat keine Kalorien und macht deshalb nicht dick. Außerdem macht es anders als Zucker die Zähne nicht kaputt. Es eignet sich für Kompott und Tee. Am besten, man gewöhnt sich insgesamt an einen nicht ganz so süßen Geschmack.

Temperaturen

°C = Grad Celsius ist bei uns die Maßeinheit der Temperatur

Die Temperaturen in diesem Kochbuch beziehen sich grundsätzlich auf Elektroherde. Wenn ihr einen anderen Herd habt, kannst du in dieser Übersicht die passende Temperatur nachlesen.

Elektroherd	Gasherd	Umluftherd
160 °C	Stufe 1	140 °C
180 °C	Stufe 2	160 °C
200 °C	Stufe 3	180 °C
220 °C	Stufe 4	200 °C

Von Maßen und Gewichten

Flüssigkeiten wie Wasser, Milch und Sahne misst du am besten mit einem Messbecher ab. Darauf findest du verschiedene Maßangaben, wie zum Beispiel ml (Milliliter).

Angaben auf dem Messbecher

1 l (Liter) = 1000 ml
½ l = 0,5 l = 500 ml
¼ l = 0,25 l = 250 ml
1/5 l = 0,2 l = 200 ml
1/8 l = 0,125 l = 125 ml

Obst, Gemüse, Fleisch und andere feste Zutaten wiegst du am besten mit einer Küchenwaage ab. Das ist wichtig, um nicht zu viel oder zu wenig im Topf zu haben. Beachte, dass du Schüsseln oder Teller nicht mit wiegst.

Gewichtsangaben

1000 g = 1 kg
750 g = ¾ kg
500 g = ½ kg
375 g = ⅜ kg
250 g = ¼ kg
125 g = ⅛ kg

Gängige Abkürzungen

In Rezepten werden verschiedene Abkürzungen verwendet. Sie beziehen sich auf Maßeinheiten, Gewichtsangaben, Temperaturen oder Gegenstände. Damit du die wichtigsten Abkürzungen kennenlernst, gibt es die nachfolgende Auflistung.

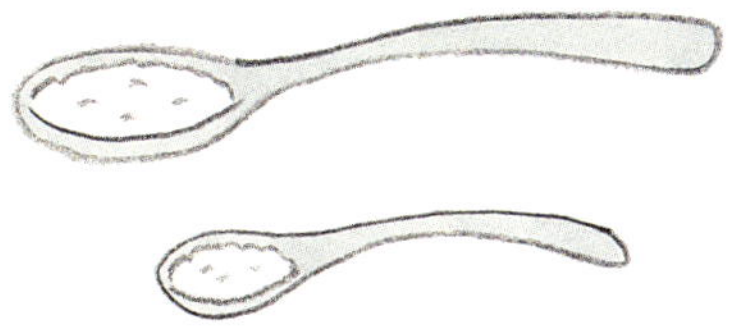

TL = Teelöffel
EL = Esslöffel
mg = Milligramm
g = Gramm
kg = Kilogramm
ml = Milliliter
l = Liter
cm = Zentimeter

Msp. = Messerspitze/Gewürzmenge, die auf 1 cm Spitze eines kleinen Messers passt

Prise = Menge, die zwischen Daumen und Zeigefinger passt

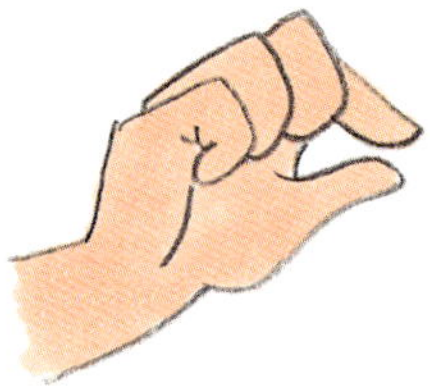

Stk. = Stück
Pckg. = Packung

Werkzeuge

Mit Messern schälen und schnippeln

Zum Kochen gehören scharfe Messer – kleine für kleine Dinge wie Zwiebeln, große für große Dinge wie Kürbis. Wichtig ist die Schärfe – sonst rutscht man schnell ab und verletzt sich. Den Umgang mit einem scharfen Messer muss man üben, sonst lernt man es nicht. Das richtige Messer hilft dabei. Beim Schneiden gut konzentrieren und auf die Finger aufpassen!

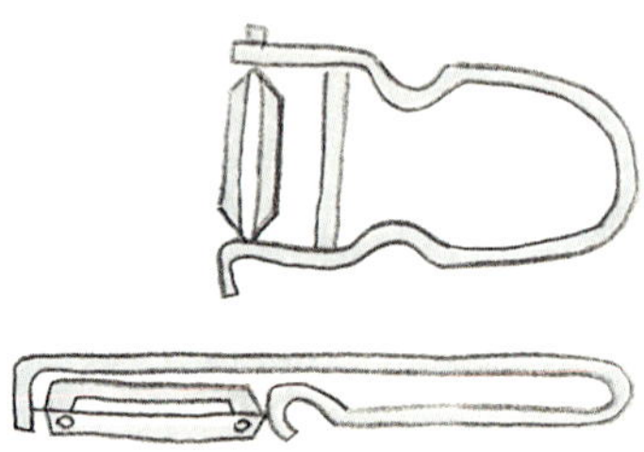

Sparschäler (Kippschäler)

Am besten nimmst du zum Schälen Kippschäler, so wie man ihn für Kartoffeln und Spargel verwendet. Auch für Gurken, Karotten und sogar Obst, wie Mangos, ist er gut. Er schält besonders sparsam!

Küchenmesser

Zum Schnippeln der meisten Gemüse reicht ein einfaches kleines Küchenmesser mit glatter Klinge. Gemüse mit einer Haut, wie Zwiebeln und Knoblauch, kannst du mit diesem Messer schälen.

Geriffeltes Messer

Dieses Messer eignet sich vor allem zum Schneiden von Lebensmitteln, die innen weich und außen etwas fester sind, wie Tomaten oder Orangen, aber auch knusprige Brötchen.

Wiegemesser

Ein Wiegemesser ist ein gebogenes Messer mit 2 Griffen. Es eignet sich vor allem zum Hacken von Kräutern. Dabei schaukelt man mit dem Messer hin und her, bis alle Kräuter klitzeklein sind. Du kannst damit auch Zwiebeln, Knoblauch und Nüsse klein hacken.

Brettchen

Arbeite immer auf einem großen Schneidebrett. Dann geht nichts daneben.

Reiben, raspeln und hobeln

Zum gleichmäßigen Zerkleinern von Obst und Gemüse eignen sich Reibe und Hobel. Es gibt sehr unterschiedliche Geräte. Bei einigen kann man die Klingen auswechseln, andere haben nur eine feste Klinge. Richtig schnell geht es mit einer elektrischen Reibe an der Küchenmaschine. Dabei musst du dir aber helfen lassen.

Küchenhobel

Mit einem Küchenhobel kann man sehr dünne Scheiben oder Streifen hobeln. Meist lässt sich die Dicke verstellen.

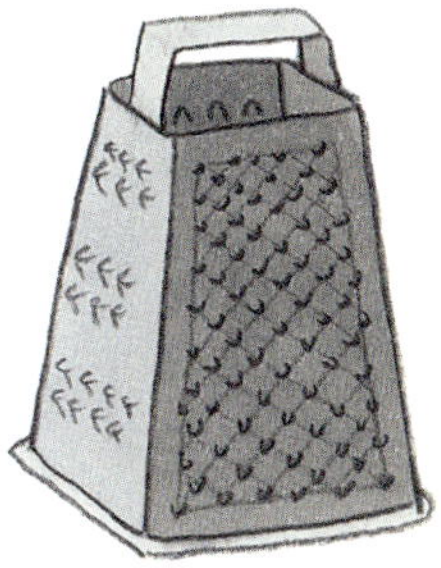

Reibe (Vierkantreibe)

Zum Reiben von Gemüse und Kartoffeln eignet sich am besten eine Vierkantreibe. Die steht schön fest und wackelt beim Reiben nicht. Aber pass auf deine Finger auf! Reibe das Gemüse nicht bis zum Ende oder verwende eine Reibehilfe. Einfacher geht es mit einer Trommelreibe, an der du kurbelst. Dabei kann man sich nicht so schnell verletzen.

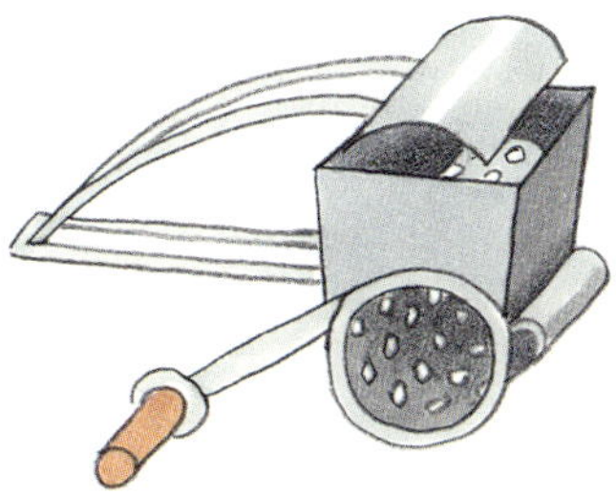

Elektrische Küchenhelfer und ihre handbetriebenen Verwandten

Die elektrischen Küchenhelfer nehmen einem noch mehr Arbeit ab und sind zeitsparend. Diese Geräte verarbeiten das Lebensmittel noch feiner, als es mit eigener Kraft möglich ist. Wenn du diese Geräte verwendest, brauchst du Hilfe von einem Erwachsenen.

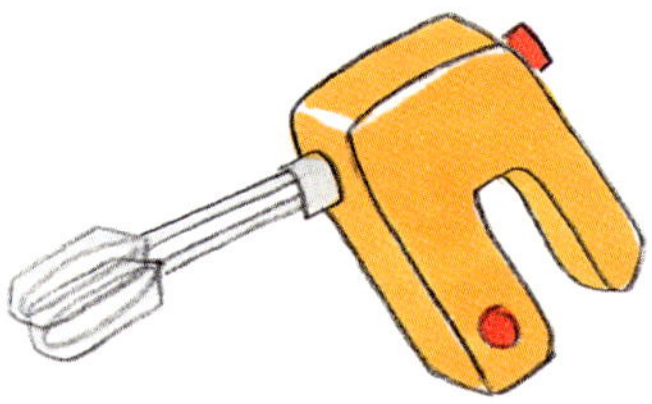

Handrührgerät (= Handmixer)

Das elektrische Handrührgerät mit seinen Schneebesen schlägt aus flüssiger Sahne Schlagsahne. Nimm ein hohes Rührgefäß, sonst spritzt es.

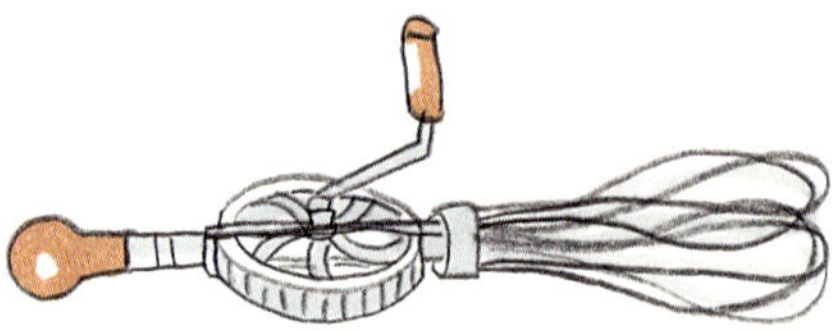

Sahnerädchen

Ein Sahnerädchen ist der Vorgänger des heutigen Handrührgerätes. Wenn man an seiner Kurbel dreht, drehen sich die Quirle. So kannst du ganz ohne elektrischen Strom, sondern nur mit echter Muskelkraft, Schlagsahne oder Eischnee herstellen. Frag mal deine Großmutter, ob sie noch eins hat.

Blitzhacker

Der Blitzhacker hackt elektrisch Obst, Brot, Gemüse oder Kräuter auf Knopfdruck klitzeklein. Je länger er arbeitet, desto kleiner. Aber Vorsicht: Zwiebel und Knoblauch werden dadurch leicht bitter.

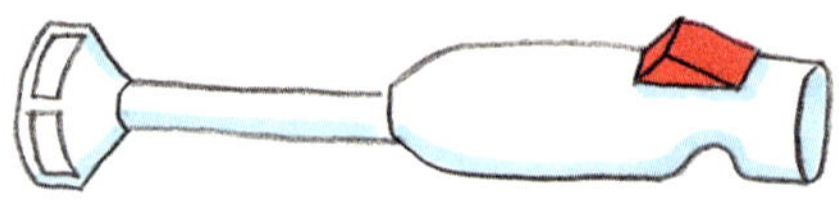

Pürierstab (= Stabmixer)

Mit dem elektrischen Pürierstab kannst du Suppen oder Saucen schön cremig aufschlagen und pürieren. Das kleine Messer, das sich unten dreht, zerschneidet alle Stückchen zu feinem Mus. Aber Achtung, auch hier kann es spritzen! Nimm deshalb immer ein hohes Rührgefäß, wenn du mit dem Pürierstab arbeitest.

Den Pürierstab bitte immer von einem Erwachsenen bedienen und reinigen lassen, da das sich drehende Messer nicht gesichert und sehr gefährlich für die Finger ist.

Flotte Lotte

Eine Flotte Lotte ist eine Passiermühle, die weiche Sachen wie gekochtes Gemüse oder Obst durch ein Sieb drückt und fein zerkleinert. Sie kannst du statt des Pürierstabes benutzen. Das Gute dabei ist, dass sie kein scharfes Messer hat, an dem man sich verletzten kann, deshalb können Kinder mit der Flotten Lotte schon ganz allein arbeiten, wenn sie genug Kraft zum Kurbeln haben.

Küchenhelfer

Nicht alltägliche Geräte, die die Arbeit in der Küche erleichtern.

Ausstecher für Apfelkerngehäuse

Das ist ein Kreismesser, mit dem du das Kerngehäuse aus dem Apfel stanzen kannst. Danach kannst du den Apfel in schöne Ringe schneiden.

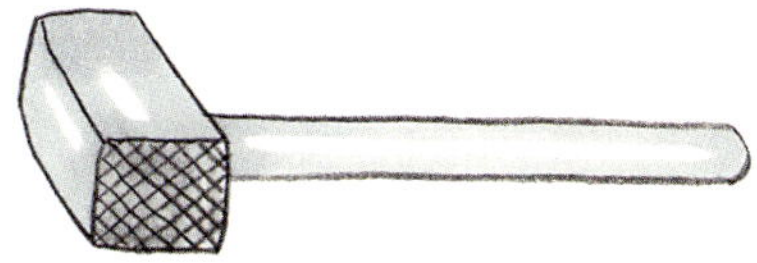

Fleischklopfer

Ein Fleischklopfer sieht aus wie ein Hammer und genauso benutzt man ihn auch. Die Seiten haben eine gefurchte Oberfläche. Das Fleisch wird durch das Klopfen mit dem Klopfer schön dünn und zart. Du kannst auch ein glattes, großes Holzklötzchen aus dem Baukasten verwenden. (Saubermachen nicht vergessen!) Auch der Boden eines Stielkochtopfes funktioniert als Fleischklopfer.

Flocker

Ein Flocker oder auch Flockenquetsche zerquetscht ganze Haferkörner zu zarten Flocken. Das macht sehr viel Spaß und die Flocken stecken voller Kraftspender. Alle anderen Getreidekörner – und natürlich auch Hafer selbst – kannst du in einer alten Kaffeemühle mahlen. Das heißt dann „schroten", weil sie nicht so fein mahlt.

Kirschenentsteiner

Ein Kirschenentsteiner hilft, Kirschkerne schnell aus vielen Kirschen zu entfernen. Es gibt verschiedene Modelle. Genauso gut kannst du aber auch die Kirschen mit einem Messer einschneiden und den Kern von Hand rausfischen.

Küchenzange

Mit der Küchenzange kann man Bratwürstchen oder kleine Bratlinge besonders einfach umdrehen. Hat man keine Zange, kann man auch mit einer Gabel umdrehen.

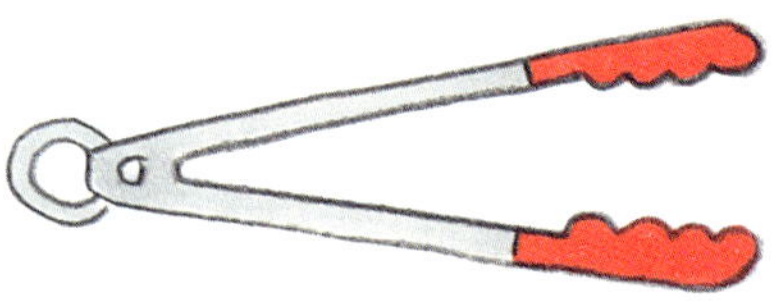

Kartoffelstampfer

Der Kartoffelstampfer zerstampft gekochte Kartoffeln oder anderes weiches Gemüse zu Mus.

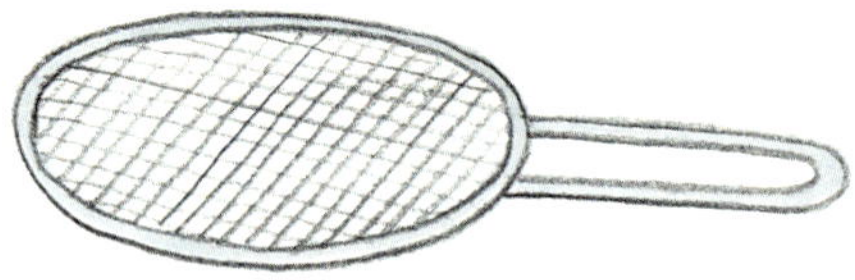

Spritzschutz

Ein Spritzschutz ist ein feines, flaches Sieb, das man beim Braten statt eines Deckels auf die Pfanne legt. Die spritzenden Fetttropfen bleiben im Sieb hängen, sodass man sich nicht an ihnen verbrennt. Das hilft auch, wenn man z. B. Tomatensauce dick einkochen möchte.

Tätigkeiten

Zwiebeln schneiden. Mach es wie Frank: Damit die Augen nicht tränen, nimmst du am besten einen Schluck Wasser in den Mund und hältst es dort, solange du die Zwiebel schneidest.

Salatsauce mixen. Salatsauce muss man lange rühren. Oder du versuchst den Trick von Petra: Fülle die Zutaten in ein sauberes Schraubglas, drehe den Verschluss ganz fest zu und schüttele das Ganze. Du kannst sogar gleich die doppelte oder dreifache Menge machen. Wenn du sie im Kühlschrank aufbewahrst, hast du fertige Salatsauce auf Vorrat.

Eier trennen. Das kann sogar schon Lene: Nimm 2 Gläser oder Schüsseln. Schlage das Ei vorsichtig am Rand auf, brich die beiden Hälften auseinander und lass dann das Eigelb von einer Schalenhälfte in die andere gleiten und wieder zurück. Dabei fängst du das Eiweiß in dem einen Glas auf. Das Eigelb kommt ins andere. Fische Eigelbreste aus dem Eiweiß heraus, sonst kannst du das Eiweiß nicht zu Schnee schlagen. Eigelb enthält nämlich Fett – und das zerstört die kleinen Eiweißbläschen.

Teig ausrollen. Beim Ausrollen und Formen von Teig braucht Jonas Mehl für die Arbeitsfläche und seine Hände. Dann klebt der Teig nicht so. Am besten geht es mit einem Teigroller. Notfalls tut es aber auch eine gut gespülte glatte Flasche.

Obst, Gemüse und Salat putzen. Das hat Linus von Irma gelernt: Alles immer gründlich putzen und waschen, vor allem Salat, der oft voller Sand und Erde ist, wie zum Beispiel Feldsalat. Damit die Salatsauce sich später gut mit dem Salat vermischen lässt, sollte Salat möglichst trocken sein. Also gut abtropfen lassen oder besser noch schleudern. Dafür gibt es spezielle Salatschleudern. Salat, Kräuter oder Spinat kann man aber auch so, wie Linus es macht, im Freien mit einem Küchentuch trocknen.

Backformen einfetten. Tom hilft Susanne beim Backen. Die Backformen werden ganz einfach mit einem Pinsel und etwas Öl oder Butter eingefettet. Für größere Backbleche schneidet er einen Bogen Backpapier ganz genau zu.

Nudeln kochen und abschütten. Peter weiß, wie man Nudeln kocht: Reichlich Wasser in einem großen Topf zum Kochen bringen. Salz erst ins Wasser geben, wenn es kocht, und gleich danach die Nudeln. Öfter umrühren und nach den Zeitangaben auf der Packung so kochen, dass die Nudeln noch „Biss" haben. Das kann man gut prüfen, wenn man mit der scharfen Seite eines Messers eine Nudel herausfischt und probiert. Beim Abgießen vorsichtig sein und unbedingt Handschuhe oder einen Topflappen benutzen. In ein Sieb schütten und abtropfen lassen.

Brot in der Pfanne toasten. Man kann Brot auch ohne Toaster rösten. Mit wenig Öl oder Butter in einer Pfanne vorsichtig bräunen und öfter mal umdrehen. Wenn man Knoblauch daraufreibt und es mit Tomatenstückchen und Basilikum belegt, hat man eine tolle Vorspeise.

Kartoffeln kochen. So macht Ina ihre Pellkartoffeln: Gut schrubben und in einem Dampfeinsatz oder einfach in wenig Wasser kochen. Das dauert je nach Größe 20–30 Minuten. Mit einem kleinen Messer oder Holzspieß kann man prüfen, ob sie schon weich sind. Salzkartoffeln werden vorher geschält und in grobe Stücke geschnitten. In Salzwasser weich kochen, was etwas schneller geht als bei Pellkartofeln. Dann das Wasser abgießen und nochmal ganz kurz auf die Herdplatte und bei geschlossenem Deckel ein wenig ausdämpfen und schütteln, dann werden sie schön mehlig.

Äpfel schälen. Mit einem Sparschäler den ganzen Apfel schälen und dann in die gewünschten Stücke schneiden, oder zuerst Apfelschnitze machen, die Schale einzeln abschneiden und das Kerngehäuse entfernen.

Gemüsebrühe selbst gemacht. Karotten, Lauch, Zwiebeln und Sellerie putzen und klein schneiden. Mit etwas Öl in einem großen Topf andünsten und mit Wasser aufgießen. Je nach Geschmack mit Lorbeer, Ingwer, Pfefferkörnern und Salz würzen. So lange kochen lassen, bis das Gemüse richtig „ausgekocht" ist. Dann über ein Sieb in einen Topf abgießen. Gemüsebrühe ist eine tolle Resteverwertung für Gemüseabfälle wie Schalen und Außenblätter.

Semmelbrösel selbst gemacht. Altes Brot in Würfel schneiden und richtig gut trocknen lassen – sonst schimmelt es. In einen Gefrierbeutel füllen und flach drücken. Mit einem kleinen Stieltopf auf den Beutel klopfen, bis das Brot zerkleinert ist. Oder mit einem Nudelholz darüberrollen, bis die Brotwürfel klein genug sind. Die fertigen Semmelbrösel in ein Schraubglas füllen, das ist ein guter Vorrat zum Beispiel für das Schnitzelrezept! So kann man auch Nüsse zerkleinern.

Butter selbst gemacht. Das ist Yvonne schon mal aus Versehen beim Sahneschlagen passiert: Wenn man süße Sahne zu lange schlägt, hat man plötzlich eine Flüssigkeit (Molke) mit Butterstückchen. Gieße alles durch ein Sieb und verrühre die Flocken gut miteinander. Jetzt hast du Butter, die du aufs Brot streichen oder auch mit Salz, Kräutern oder Knoblauch würzen kannst.

Vanillezucker selbst gemacht.
Manchmal brauchst du nur das Vanillemark einer Stange für ein Rezept. Die Vanillestange enthält aber auch viel Aroma. Schneide sie klein und mische sie mit Zucker in einem Schraubglas. Warte mindestens 4 Wochen – du kannst das Glas ab und zu schütteln. Dann öffne es und rieche dran: Der Zucker ist Vanillezucker geworden!

Orangen- und Zitronenzucker selbst gemacht. Reibe ein Zuckerstückchen an einer unbehandelten Orange oder Zitrone. Dabei geht das Aroma der Früchte auf den Zucker über. Wenn du viele Schalen hast, kannst du sie wie bei der Vanillestange zum Zucker in ein Schraubglas füllen.

Rezepte und Tipps

alphabetisch

© Peter Schulte

© Manu Theobald

Dagmar von Cramm
ist Ernährungswissenschaftlerin, Autorin und Fachjournalistin. Ihre Bücher haben sich weit über 4 Millionen Mal verkauft. Sie ist bekannt durch ihre Publikationen und zahlreiche Fernsehauftritte zum Thema Ernährung. Sie ist Mitglied im Präsidium der *Deutschen Gesellschaft für Ernährung*, Präsidentin der *Stiftung Besser essen. Besser leben.* und Chefredakteurin der Zeitschrift *eat healthy*. Ihr Anliegen: Gesundheit und Genuss auf einen Nenner zu bringen – und zwar von Anfang an – also gerade bei den Kindern. Die Mutter von drei Söhnen und begeisterte Köchin wohnt mit ihrem Mann in Freiburg.

Rotraut Susanne Berner,
geboren in Stuttgart, lebt in München, wo sie in über 30 Jahren zahlreiche Bücher gestaltet, illustriert und geschrieben hat. Sie ist die Erfinderin von Wimmlingen, einer kleinen Stadt mit zahlreichen Bewohnern, die man in fünf Büchern zu allen Jahres- und Tageszeiten kennenlernen kann. In wortlosen Bildgeschichten kann man deren Alltag und Abenteuer mitverfolgen. Die Wimmelbücher sind in über 17 Ländern erschienen. Rotraut Susanne Berner hat für ihre Arbeit zahlreiche Preise erhalten, unter anderem den Sonderpreis für Illustration des *Deutschen Jugendliteraturpreises*.

Danksagung

Ich bedanke mich von Herzen bei Kathy Heiden, die mit großer Begeisterung mitgedacht und -getestet hat, und bei Anna Paki, die danach verbesserte und korrigierte. Ohne sie wäre dieses Kochbuch nicht so bunt und rund geworden: Zusammen kochen macht einfach den größten Spaß!

Dagmar von Cramm

Und hier wohnen die Wimmlinger ...

ISBN 978-3-8369-5033-6

ISBN 978-3-8369-5057-2

ISBN 978-3-8369-5082-4

ISBN 978-3-8369-5101-2

ISBN 978-3-8369-5199-9

ISBN 978-3-8369-5725-0

Waschbär